车路协同技术应用

主　编　刘志忠

副主编　姚鹏君

北京理工大学出版社

BEIJING INSTITUTE OF TECHNOLOGY PRESS

内 容 简 介

本书紧密结合车路协同技术的研究成果，围绕关键技术的应用，构建了比较完善的体系架构、组织了比较丰富的知识内容。本书内容涵盖车路协同概念、移动通信概念、车路协同技术架构与通信、车路协同系统组成、车路协同技术有关规范、车路协同技术应用场景等内容。

本书内容循序渐进、语句通俗易懂，便于教学，可作为高等职业院校专科、本科及应用型本科院校的智能网联汽车技术、智能网联汽车工程技术、新能源汽车工程技术、汽车智能技术、汽车电子技术等专业以及汽车类相关专业课程的教材，也可作为开放大学、成人教育、中职学校、培训班的有关课程的教材以及汽车工程技术人员的参考书。

图书在版编目（CIP）数据

车路协同技术应用 / 刘志忠主编. -- 北京 ：北京
理工大学出版社，2023.12
ISBN 978-7-5763-3350-3

Ⅰ．①车…　Ⅱ．①刘…　Ⅲ．①交通运输管理-智能系
统-研究　Ⅳ．①U495

中国国家版本馆 CIP 数据核字（2024）第 031888 号

责任编辑：陈莉华		**文案编辑**：陈莉华	
责任校对：周瑞红		**责任印制**：李志强	

出版发行 / 北京理工大学出版社有限责任公司
社　　址 / 北京市丰台区四合庄路 6 号
邮　　编 / 100070
电　　话 / （010）68914026（教材售后服务热线）
　　　　　　（010）68944437（课件资源服务热线）
网　　址 / http：//www.bitpress.com.cn

版 印 次 / 2023 年 12 月第 1 版第 1 次印刷
印　　刷 / 河北盛世彩捷印刷有限公司
开　　本 / 787 mm×1092 mm　1/16
印　　张 / 9.25
字　　数 / 184 千字
定　　价 / 58.00 元

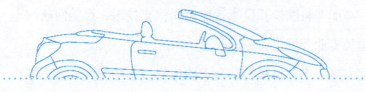

前言

　　智能网联汽车是指通过搭载先进的传感器等装置，运用人工智能等新技术，具有自动驾驶功能，逐步成为智能移动空间和应用终端的新一代汽车。

　　自动驾驶指车辆主要依靠人工智能、视觉计算、雷达和全球定位及车路协同等技术，使汽车具有环境感知、路径规划和自主控制的能力，能够让计算机自主操控车辆自动安全地驾驶。自动驾驶是未来汽车产业发展的主流趋势，各国都在持续加大投入并开展技术研究和产业化落地。

　　自动驾驶有单车智能自动驾驶和车路协同自动驾驶两大技术路线。单车智能自动驾驶的环境感知是通过车上安装的传感器完成对周围环境的探测和定位功能。计算决策一方面将传感器数据进行分析处理，实现对目标的识别；另一方面通过行为预测和全局路径规划、局部路径规划和即时动作规划，决定车辆当前及未来的运行轨迹。控制执行主要包括车辆的运动控制以及人机交互。

　　车路协同自动驾驶则是在单车智能自动驾驶的基础上，利用车路协同技术，通过先进的车、道路侧感知和定位设备（如摄像头、雷达等）对道路交通环境进行实时感知定位，通过车与车、车与路、车与人之间的信息交互共享，实现车辆自动化驾驶。

　　随着我国汽车产业体系的不断完善，品牌质量逐步提升，关键技术不断取得突破，智能汽车的发展基础较为扎实。2020 年国家发展和改革委员会联合 11 部委发布的《智能汽车创新发展战略》中明确指出，要构建先进完备的智能汽车基础设施体系。其中，在道路方面，结合 5G 商用部署，推动道路智能化设备、智能汽车、运营服务、交通安全管理系统、交通管理指挥系统等统一通信接口和协议，实现信息互联互通；在网络方面，统筹公众移动通信网部署，在重点地区、重点路段建立新一代车用无线通信网络，提供超低时延、超高可靠、超大带宽的无线通信和边缘计算服务；在时空服务方面，发展覆盖全国的车用高精度时空基准服务，建设覆盖全国路网的道路交通地理信息系统。

国内数十所高职专科院校、高职本科院校开设了智能网联汽车技术、智能网联汽车工程技术等专业，也在汽车制造类专业开设了相关课程。

为适应智能汽车技术的快速发展，本教材紧密结合车路协同技术的研究成果，围绕关键技术的应用，构建了比较完善的体系架构，组织了比较丰富的知识内容，以满足智能网联汽车技术专业、汽车电子技术专业、新能源汽车技术专业等汽车制造类专业和交通运输大类汽车相关专业的主干课程教学的需求。

本教材内容包括4个项目。项目一为车路协同概念，内容包括智能网联汽车概念、车路协同系统概念；项目二为车路协同系统组成，内容包括路测感知与定位设备、车路协同云控系统；项目三为车路协同感知与定位技术规范，内容包括车路协同感知技术规范、车路协同定位技术规范；项目四为车路协同系统应用，内容包括车路协同应用场景规范、车路协同应用典型场景。

本教材由刘志忠主编，负责教材的整体架构、内容安排、统稿。姚鹏君为副主编，对教材的整体架构、部分内容提出重要建议。刘志忠主要编写教材的项目一、项目二、项目三和项目四。姚鹏君参编项目二和项目三的任务二。李富松参编项目三的任务一。张华鑫参编项目四。

本教材编写过程中，参考了一些技术标准规范、研究成果，在此向相关的作者、团队、机构表示感谢。

由于编者水平有限，难免有疏漏之处，恳请专家、读者批评指正。

编　者

目 录
CONTENTS

项目四　车路协同系统应用

项目一

车路协同概念

任务一

智能网联汽车概念

一、任务信息

任务一　智能网联汽车概念			
学时	4 学时	班级	
成绩		日期	
姓名		教师签名	
案例导入	Robotaxi 车辆——智能网联汽车的重要类型之一。目前国内外已经广泛测试运行。打开链接观看视频：https：//mp．weixin．qq．com/s/2c0MVbSmvtg9QLBPhE4YDA 认识 Robotaxi 的工作情境与工作流程，并思考、讨论下列关于自动驾驶技术的基本问题： ①自动驾驶系统的基本组成是什么？基本原理是什么？ ②自动驾驶汽车怎样确保安全行驶？ ③自动驾驶汽车怎样实现大规模应用		
任务目标	知识	①掌握智能网联汽车的基本概念； ②了解智能网联汽车的技术架构； ③掌握自动驾驶汽车的概念和技术分级； ④熟悉单车智能自动驾驶的基本概念； ⑤熟悉车路协同自动驾驶的基本概念； ⑥熟悉单车智能自动驾驶技术的挑战； ⑦熟悉车路协同自动驾驶的优势； ⑧了解自动驾驶技术应用路线	
	技能	能够利用关键词搜索智能网联汽车、自动驾驶的技术资料，阅读并简要分析	
	素养	培养自学能力； 培养团队合作意识； 培养技术创新意识	

二、知识解析

（一）智能网联汽车基本概述

1. 智能网联汽车的基本概念

智能汽车（Intelligent Vehicle，IV）是指通过搭载先进的传感器等装置，运用人工智能等新技术，具有自动驾驶功能，逐步成为智能移动空间和应用终端的新一代汽车。智能汽车通常又称为智能网联汽车（Intelligent Connected Vehicle，ICV）、自动驾驶汽车（Auto-Drive Vehicle，ADV；Autonomous Vehicle，AV）等。

智能网联汽车亦指搭载先进的车载传感器、控制器、执行器等装置，并融合现代通信与网络技术，实现车与人、车、路、云端等（Vehicle-to-Everything，V2X 智能信息交换技术，实现车辆与周围的车、人、交通基础设施和网络/云平台的全方位连接和高速准确的通信）的智能信息交换、共享，具备复杂环境感知、智能决策、协同控制等功能，可实现"安全、高效、舒适、节能"行驶，并最终可实现替代人来操作的新一代汽车。如图 1-1 所示是智能网联汽车的定义。

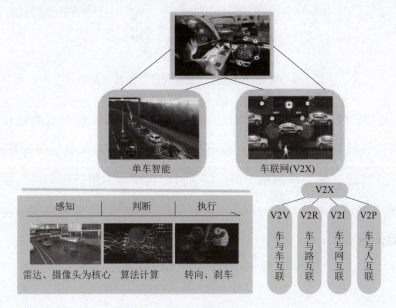

图 1-1　智能网联汽车的定义

　　智能网联汽车集中运用了汽车工程、人工智能、计算机、微电子、自动控制、通信与平台等技术，是一个集环境感知、规划决策、控制执行、信息交互等于一体的高新技术综合体。

2. 智能网联汽车技术架构

　　智能网联汽车涉及汽车、信息通信、交通、地理资源、大数据等多领域技术，其技术架构较为复杂。

　　2020 年 11 月，中国智能网联汽车产业创新联盟发布《智能网联汽车技术路线图 2.0》。《智能网联汽车技术路线图 2.0》中分为"三横两纵"的技术架构，如图 1-2 所示。

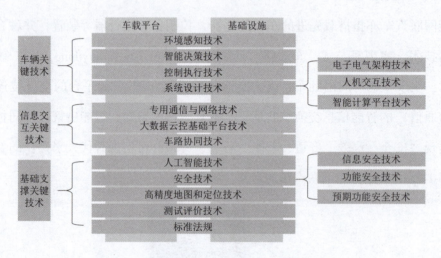

图 1-2　智能网联汽车"三横两纵"的技术架构

　　"三横"是指智能网联汽车主要涉及的车辆关键技术、信息交互关键技术与基础支撑关键技术三大领域，"两纵"是指支撑智能网联汽车发展的车载平台和基础设施。"三横"技术共三个层级，每个领域属于第一层，可以再细分为第二层与第三层技术。

　　（1）车辆关键技术

　　车辆关键技术见表 1-1。

表 1-1　车辆关键技术

第一层级	第二层级	第三层级
车辆关键技术	环境感知技术	高精度传感器：摄像头、激光雷达、毫米波雷达等
		行驶环境感知技术
		车辆状态感知技术
		乘员状态感知技术
		态势分析技术
	智能决策技术	行为预测与决策技术
		轨迹规划技术
		基于深度学习的决策算法
	控制执行技术	线性控制机构：驱动、制动、转向、悬架等
		车辆纵向、横向、垂向控制技术
		车辆多目标控制技术
	系统设计技术	电子电气架构技术
		人机交互技术
		智能计算平台技术

（2）信息交互关键技术

信息交互关键技术见表 1-2。

表 1-2　信息交互关键技术

第一层级	第二层级	第三层级
信息交互关键技术	专用通信与网络技术	C-V2X 无线通信技术
		专用通信芯片与模块技术
		车载信息交互终端技术
		直连通信技术
		移动自组织组网技术

第一层级	第二层级	第三层级
信息交互关键技术	大数据云控基础平台技术	5G 网络切片及应用技术
		多接入边缘计算技术
		边缘计算技术
		边云协同技术
		协同感知与决策技术
	车路协同技术	车路数字化信息共享技术
		车路融合感知技术
		车路融合辅助定位技术
		车路协同决策技术
		车、路、云一体化协同控制技术

（3）基础支撑关键技术

基础支撑关键技术见表1-3。

表 1-3　基础支撑关键技术

第一层级	第二层级	第三层级
基础支撑关键技术	人工智能技术	新一代人工智能与深度学习技术
		端到端智能控制技术
	安全技术	信息安全技术
		功能安全技术
		预期功能安全技术
	高精度地图和定位技术	基于北斗系统的高精度定位技术
		通信基站定位技术
		惯性导航与轨迹推算技术
		高精度地图协作定位技术
		高精三维动态数字地图技术

第一层级	第二层级	第三层级
基础支撑关键技术	高精度地图和定位技术	多层高精度地图采集及更新技术
		高精度地图基础平台技术
	测试评价技术	测试评价方法与技术标准
		自动驾驶训练与仿真测试
		测试场地规划与建设
		示范应用与推广
	标准法规	标准体系与关键标准构建
		标准技术试验验证
		前瞻标准技术研究
		国际标准法规协调

3. 智能网联汽车技术领域演进

智能网联汽车技术把数字世界带入了每一辆车，赋能产业实现了智能驾驶、智慧空间、智慧服务和智能生产。

面向未来，在数字化技术普及和全球碳中和共识的背景下，汽车电动化和智能化深度结合已形成清晰的路径。把数字世界带入每一辆车，将真正实现智能的驾驶、智慧的空间、智慧的服务和智能的生产，使交通更加安全和高效，出行更加便捷和绿色，生活更加智慧和有趣，生产更加高效和低碳。

（1）智能驾驶：提供安全、高效、顺畅的出行体验

智能驾驶按照其能力等级可分为自动驾驶、高阶辅助驾驶和低阶辅助驾驶，覆盖的场景包括封闭道路场景、开放道路场景以及全场景。自动驾驶将给出行行业甚至整个社会带来颠覆性变化，自动驾驶将率先在高速、园区等封闭道路场景中实现，并逐步覆盖开放道路中包括城区在内的全场景。

由自动驾驶车队提供的 Robotaxi 服务，能够节省司机人力成本，并能同时提供 24 小时不停歇的移动出行服务，将以更为经济的方式增加出行服务的灵活供给。

智能驾驶技术将与已有的各类交通方式进行融合，为不同的出行场景提供兼具效率、安全、体验与经济性的出行服务解决方案。届时，出行领域将实现资源统一与实时数据共享，从而构建点对点、门对门的"端对端无缝出行网络"，实现全社会出行资源的最大有效利用。当用户安排出行时，云端大脑根据实时的交通情况，综合所有可能的交通方式，分时段、分路段规划出最合理的出行方案。多元的出行资源能够让用户享受高效、绿色、安全的出行，从而维持城市运力资源的动态平衡，助力城市的可持续发展。

（2）智慧空间：从"灵活的移动空间"到"虚实融合的智能生活空间"

汽车的属性不再仅局限于出行工具，车与人、车与周边的关系正在发生颠覆性变化。

一方面，智能驾驶技术的发展使人类的注意力逐渐从驾驶行为中释放出来，碎片化的自由时间逐渐整片化，伴随着车内自由时间的增加，移动场景下的用户体验将更加多元。在车内，应该和在家里、办公室里一样舒适、方便，处理工作、娱乐都可轻松实现。

另一方面，多元化的人机交互技术、车载光技术、沉浸式的 AR/VR 技术等丰富了智能座舱的功能形态，除了移动场景，静止场景中的汽车使用时间也将延长，座舱功能将日渐丰富和有趣。

面向未来，汽车作为一个全新智慧空间，既可以丰富人们在移动场景下的体验，又可以满足人们在静止场景中的多样化需求，座舱的空间和时间价值大大延伸，交互无处不在，可以随时畅享休闲娱乐的美好时光。

座舱形态或将完全脱离"方向盘+仪表盘+屏幕"的传统组合，而逐步呈现出虚实融合的新特征。一是人机交互的需求输入进一步简化，语音控制、人脸识别、手势交互等多模态交互更加自然和高效，脑机互联的交互形态或许也不再是天方夜谭；二是人机交互从简单的需求输入向主动的需求识别演进，人工智能、生物识别、情绪感知、生命体征监测等技术使得车辆更了解使用者的行为习惯和思维，真正成为知你懂你的亲密伙伴；三是车载光技术丰富了空间光学体验，AR/VR 技术进一步打破时间和空间的限制，沉浸式、代入感的体验使得汽车在移动场景和静止场景中的应用更加丰富和有趣。

面向未来，智能汽车将真正成为虚实融合的智能生活空间：

安全出行场景下：车身传感设备和用户可穿戴设备的有效结合，可准确识别用户健康状况和疲劳状态，并及时予以提醒，确保驾驶员安全驾驶。

娱乐场景下：演唱会、体育赛事等不必亲临现场也可以身临其境，院线观影不再是最佳方式，游戏也可在增强现实技术下更有沉浸感。汽车可以成为用户的专属娱乐空间、专属私密影院、智能车灯露天影院、游戏会友的首选地。

移动办公场景下：座椅可调整旋转，车窗可成投影大屏，手机会议流可轻松转入车内空间，音区屏蔽功能又能确保会议私密，汽车成为职场人士的移动办公空间，使他们在奔向机场、餐厅、家庭的途中高效完成工作。

社交场景下：窗外美景不会轻易错过，车外摄像头可记录、剪辑、分享唯美视频，堵车也不再无聊，附近车友可通过车机互动、游戏、交友，AR/VR 使用户和朋友近在咫尺，私密音区保证悄悄话不被泄露。

（3）智慧服务：场景融合驱动服务从"主动"向"智慧"转变

随着数字经济浪潮以势不可挡之势席卷全球，未来十年消费形态的变革将使各个行业的服务更呈现出在线化、定制化、个性化、响应及时化的特征，服务场景化的特征将更为凸显。随着数字化技术与汽车的深度融合，场景驱动下的服务将更加智能和高效，真正实现从"人找服务"到"服务找人"，再到"场景融合的智慧服务"。

第一，汽车智能化发展使得交互和服务更紧密地结合，智能算法可以对交互内容进行识别、分析和理解，结合车主身份的基本信息和历史偏好，进行行为预测和匹配服务。未来，汽车作为出行机器人将更能理解用户、并不断学习和进化。

第二，汽车智能化发展使得实时服务场景识别更为高效和精准。通过车辆数据、位置信息以及周边环境的识别和分析，进而判断用户所处的场景，主动预测用户的需求，从而提供精准的服务。

第三，互联互通的全新操作系统能够打通更多服务场景，基于新交互方式的应用生态应运而生，互联世界所激发出的更多服务将承载到智能汽车上，让汽车成为新的智能载体。伴随着数字世界的到来和数字经济的不断发展，数字化全景生态日渐丰富，场景驱动下的智能车联功能和服务更加智能、高效和便捷。

（4）智能生产：自动驾驶有望率先落地商用车领域，提振智能作业生产力

商用车作为社会运行最主要的运输工具和生产资料，其智能化、自动化的发展，符

合社会碳中和发展目标，有助于提升工作、生产效率，是智能驾驶产业生态链中逐步成熟的重要的发展方向。自动驾驶商用车将逐步实现从封闭区域专用道路向干线物流公开道路拓展并率先落地，实现智能作业，大幅提升生产力。

由于封闭区域与外界交通没有交互，在有限环境因素和交通要素的综合影响下，可以穷举出自动驾驶中的所有应用场景和潜在突发事件。因此，商用车封闭区域内的自动驾驶技术将率先大规模商用。以港口、矿山、农业、园区、机场、景区为主的封闭区域中，商用车智能化技术将不仅仅体现在运输车辆的应用上，还将与生产管理系统进行融合，在核心生产、运输、调配等环节形成完整的无人生产体系，并实现大规模的商用化落地。

在封闭区域中，依托于"车—路—云"协同解决方案，可以打通垂直行业多车协同的端到端自动驾驶商用场景。通过全息环境感知、全局资源调度、动态业务地图、多车协同驾驶、车道级路径规划、信号协同控制、业务仿真测试等服务能力，进一步消除业务流程断点，实现自动驾驶的多车智能协同，提升场景化作业和运输效率，从而真正实现降本提效。

云调度与高精度地图成为业务管理和自动驾驶车辆的调度核心。在封闭区域的智能商用车场景中，运营管理者需要通过车云控制管理系统，进行自动驾驶车辆调度管理、车辆监控以及通过高精度地图进行业务和安全体系的支撑。例如，港口场景中，智能水平运输系统云控平台与港口集装箱码头生产操作系统实现对接，将自动驾驶集装箱卡车的调度完全融入港口自动化调度系统中，实现港口统一调度和对接，实现全自动化的港口生产作业流程，同时，考虑岸桥、场桥以及道路场景中环境因素的要求，通过动态图层绘制并动态刷新岸桥、锁站、堆场等的空间位置信息和状态，又可以实时更新动态高精度地图。

干线物流场景下，随着道路基础设施的升级，商用车也将实现从辅助驾驶到自动驾驶的逐步演进。随着城市短途运输中车辆电动化普及程度的提升，以及路侧网络基础设施的智能化水平的提升，在包括城市道路在内的复杂公开道路中，商用车智能驾驶渗透率有望大幅提高。

（二）自动驾驶技术概述

1. 自动驾驶基本概念

自动驾驶技术类比于人类的感知器官、大脑以及手脚，是对驾驶员长期驾驶实践中的"环境感知—决策与规划—控制与执行"过程的理解、学习和记忆的物化。如图1-3所示是自动驾驶系统的基本组成。

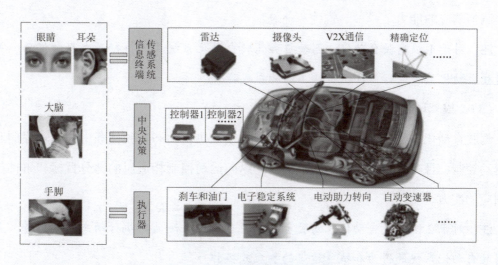

图1-3　自动驾驶系统基本组成

自动驾驶系统是在普通汽车的基础上增加摄像机、激光雷达、毫米波雷达、超声波雷达等先进的传感器以及控制器、执行器等装置，通过车载传感系统和信息终端，实现车与X（人、车、路、云等）的智能信息交换，具备智能的环境感知能力，能够自动地分析汽车行驶的安全及危险状态，按照人的意志到达目的地，最终实现自动操作行驶。

2. 自动驾驶技术等级

中国发布的国家标准《汽车驾驶自动化分级》中将驾驶自动化等级划分成0~5级。

（1）0级驾驶自动化（应急辅助）

驾驶自动化系统不能持续执行动态驾驶任务中的车辆横向或纵向运动控制，但具备持续执行动态驾驶任务中的部分目标和事件探测与响应的能力。

0级驾驶自动化不是无驾驶自动化，0级驾驶自动化可感知环境，并提供报警、辅助或短暂介入以辅助驾驶员（如车道偏离预警、前碰撞预警、自动紧急制动等应急辅助功能）。

注：不具备目标和事件探测与响应能力的功能（如定速巡航、电子稳定性控制等）不在驾驶自动化考虑的范围内。

（2）1级驾驶自动化（部分驾驶辅助）

驾驶自动化系统在其设计运行条件 ODD 内，持续地执行动态驾驶任务中的车辆横向或纵向运动控制，且具备与所执行的车辆横向或纵向运动控制相适应的部分目标和事件探测与响应的能力。

注：对于1级驾驶自动化，驾驶员和驾驶自动化系统共同执行动态驾驶任务，并监管驾驶自动化系统的行为和执行适当的响应或操作。

（3）2级驾驶自动化（组合驾驶辅助）

驾驶自动化系统在其设计运行条件内，持续地执行动态驾驶任务中的车辆横向和纵向运动控制，且具备与所执行的车辆横向和纵向运动控制相适应的部分目标和事件探测与响应的能力。

注：对于2级驾驶自动化，驾驶员和驾驶自动化系统共同执行动态驾驶任务，并监管驾驶自动化系统的行为和执行适当的响应或操作。

（4）3级驾驶自动化（有条件自动驾驶）

驾驶自动化系统在其设计运行条件内，持续地执行全部动态驾驶任务。

注：对于3级驾驶自动化，动态驾驶任务接管用户时，以适当的方式执行动态驾驶任务接管。

（5）4级驾驶自动化（高度自动驾驶）

驾驶自动化系统在其设计运行条件内，持续地执行全部动态驾驶任务和执行动态驾驶任务接管。

注：对于4级驾驶自动化，系统发出接管请求时，若乘客无响应，系统具备自动达到最小风险状态的能力。

（6）5级驾驶自动化（完全自动驾驶）

驾驶自动化系统在任何可行驶条件下，持续地执行全部动态驾驶任务和执行动态驾驶任务接管。

注： 对于5级驾驶自动化，系统发出接管请求时，乘客无须进行响应，系统具备自动达到最小风险状态的能力。

5级驾驶自动化在车辆可行驶环境下，没有设计运行条件的限制（商业和法规因素等限制除外）。

SAE（美国国际自动机工程师学会）亦将自动驾驶分为6个等级，其中L0——应急辅助，L1——部分驾驶辅助，L2——组合驾驶辅助，L3——有条件自动驾驶，L4——高度自动驾驶，L5——完全自动驾驶。基本对应中国标准《汽车驾驶自动化分级》中的驾驶自动化等级0~5级。SAE将L0~L2级系统命名为"驾驶员辅助系统"，而L3~L5级则被视为"自动驾驶系统"。驾驶员辅助系统仅限于提供警告和瞬间帮助，提供车道居中或自适应巡航控制，或同时提供车道居中和自适应巡航控制。驾驶员辅助功能要求驾驶员不断监督，并根据需要进行转向、制动或加速。L3级和L4级自动驾驶系统可以在有限的条件下驾驶车辆，除非满足所有的条件，否则不会运行自动驾驶。L5级自动驾驶系统可以在所有条件下驾驶车辆。对于L3级，当有自动驾驶功能要求时，也必须由人类来驾驶。对于L4级和L5级，自动驾驶功能将不要求人类接管。

3. 单车智能与车路协同自动驾驶基本概念

自动驾驶技术包括单车智能与车路协同自动驾驶两个主要的技术方向。

（1）单车智能自动驾驶基本概念

单车智能自动驾驶是利用车载视觉、定位等传感器，自主进行规划、决策、控制，实现自动驾驶。如图1-4所示是单车智能自动驾驶过程。

单车智能汽车利用车载传感器进行综合感知，具有自主决策能力，能够控制车辆安全、高效地行驶，是实现未来交通的重要发展途径。从功能上划分，典型的智能驾驶主要包括感知、决策与规划、控制三个模块，每个模块分为不同的小模块。通过各模块之间的协调配合，实现特定条件下的智能驾驶。其中，综合感知层将传感器系统采集的数据进行处理与融合，实现车辆对环境、位置、交通、目标与障碍物、车辆状态等信息的精确感知；决策规划层根据综合感知和车辆状态信息，结合车辆与环境实际的空间和时间约束，输出车辆下一阶段驾驶行为与运动轨迹，是连接综合感知层与控制执行层的关键模块；控制执行层是依据轨迹规划模块输出的结果，对车辆期望动作进行实现并获取

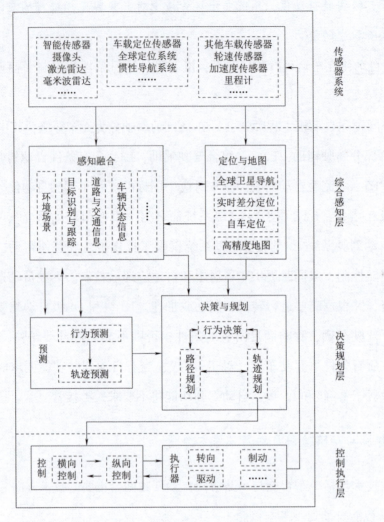

图 1-4　单车智能自动驾驶过程

状态反馈信息。决策规划层和控制执行层均是以车辆模型为基础展开研究，且其结果将直接决定车辆目标动作与实现效果，因此对行驶安全性与经济性有关键影响。

目前单车智能自动驾驶在环境感知、计算决策和控制执行的多个环节均存在不同程度的技术瓶颈，在应用过程中也出现了各种失效的问题，因此一方面需要不断地加强单车智能的感知、决策和控制能力，另一方面也希望引入不同的技术手段来进行弥补。

（2）车路协同自动驾驶基本概念

车路协同自动驾驶是在单车智能自动驾驶的基础上，借助 C-V2X 和 4G/5G 通信技术，将"人—车—路—云"交通要素有机地联系在一起，实现车与车（V2V）、车与道路（V2I，主要指道路各类系统和设备设施，如感知设施、气象检测器、状态监测设备、交通诱导与控制设施等）、车与云（V2N，地图平台、交管平台、出行服务平台等）和车与人（V2P）等的全方位协同配合（如协同感知、协同决策规划、协同控制等），从而满足不同等级自动驾驶车辆应用需求（如辅助驾驶、高等级自动驾驶），实现自动驾驶单车最优化和交通全局最优化发展目标。自动驾驶车辆与不同交通要素间的协同关系如图1-5所示。

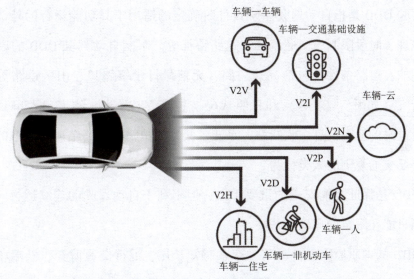

图1-5　自动驾驶车辆与不同交通要素间的协同关系

4. 单车智能自动驾驶技术的挑战

单车自动驾驶走向规模商业化落地的影响因素主要集中在安全性、运行设计范围（Operational Design Domain，ODD）和经济性三个方面。

（1）自动驾驶安全依然面临着巨大挑战，特定场景有失效风险

安全问题依然是影响自动驾驶规模商业化落地的最关键原因，而不同等级自动驾驶车辆在安全方面面临的问题存在一定差异。

在低等级自动驾驶方面，车辆辅助驾驶系统的功能仍然存在特定场景下应对能力不足和失效的风险。以自动紧急刹车为例，在夜间或者儿童穿梭等场景下，车辆的应对能力不足，很容易出现碰撞危险；另外，在特殊目标识别（例如下雨天打伞或穿雨衣的行人）和高精度定位（如隧道、城市桥梁等）方面，也较容易出现系统失效的现象。通过研究国内外目前出现的多起自动驾驶安全事故案例发现，车辆对静止交通设施和静止交

通参与者的准确识别和实时干预控制也存在一定困难，是造成事故的主要原因。

在高等级自动驾驶方面，其最大的挑战是"无人"，由于L4~L5级的驾驶和责任主体由驾驶员切换为自动驾驶系统，只有达到99.999 9%及以上的场景通过成功率，才能确保上路无或极低概率出现碰撞事故风险。目前的自动驾驶距离"绝对安全"和完全"无人化"的终极目标还有一定差距。

（2）感知长尾、混行博弈、极端场景等一系列突出问题限制了车辆的ODD

自动驾驶ODD是指自动驾驶系统设计时确定的适用于其功能运行的外部条件，包括环境、地理、时段限制、交通流量及道路特征等。限制自动驾驶ODD的原因或条件有很多，例如：道路条件，包括高速公路、无信号灯十字路口、山区道路等；环境条件，包括天气（如雨、雪、雾）和日照状况（昼或夜、逆光、隧道出入口）等；其他条件，包括过时的地图信息、收费站、水洼、低垂的植物、道路结冰、遗撒的物体、特种机械和违反交通规则的人类行为。

限制ODD是保证车辆安全的重要手段，但不利于自动驾驶的连续运行。当前，自动驾驶车辆只能在限定的环境内行驶。

限制ODD的本质原因是自动驾驶存在感知长尾、混行交通博弈、极端场景等一系列问题且难以克服，无法在所有场景下保证成功应对。在感知方面，基于数据驱动的深度学习技术已在自动驾驶感知领域得到了广泛的应用，在日常的驾驶环境中，已经能够实现单车的自动驾驶，但受车端传感器物理特性、车端算力等限制，车辆在恶劣天气、遗撒物体、鬼探头等长尾场景中的感知能力，仍然需要持续提升。在这些场景中，路端可以发挥其稳定性和全局性等优势，提供高性能交通信号数据、全量感知数据，为单车智能自动驾驶系统提供支持，减少因为感知不足带来的ODD限制。除感知外，单车智能自动驾驶车辆还需要面对混行交通博弈等挑战，从交通全局的角度看，依靠个体智能无法取得最优的效果，因此需要车与路的统一协调管理，才能更好地权衡自动驾驶车辆的安全与效率。

（3）自动驾驶需要更有竞争力的成本

汽车本身就是一项要求严苛的工业产品，它在被交付到消费者手中之前，需要经过长期的测试与打磨，遍历各类极端环境的考验，无论是机械性能还是电子电气性能都需要做到极致，这样才能保证用户的行车安全。自动驾驶汽车更需要在安全性和稳定性上做到极致，甚至比普通汽车的要求还要严苛，不仅需要配备更多的传感器、辅助定位设备、通信设备，还要求车身、传感器、计算平台及配套软硬件设备都经过车规级量产的考验，这必然会大幅增加车辆成本，难以实现量产应用。

自动驾驶要实现规模商业化落地，形成一个健康的商业闭环，就必须降低成本。为了进一步降低成本，还需要持续加强软硬件一体化自主研发，并在设计制造、生产管理和质量管控工艺上投入更多精力打磨优化，推动自动驾驶走向规模量产应用。

综上所述，在一定的自动驾驶能力范围内，安全、ODD 和经济性这三个方面存在矛盾关系。例如，为提高自动驾驶安全性，必须通过限制 ODD 并针对性调优以逼近系统上限，才能实现小规模商业化落地；或使用较昂贵的设备来提升单车智能自动驾驶的安全性，但这样会损失自动驾驶的经济性。

自动驾驶要实现规模商业化落地，需要进一步探索，找到安全性、ODD 限制和经济性的平衡点，从本质上提升自动驾驶的能力水平。

5. 车路协同自动驾驶的优势

单车智能自动驾驶主要依靠车辆自身的视觉、毫米波雷达、激光雷达等传感器，计算单元和线控系统进行环境感知，计算决策和控制执行。车路协同自动驾驶则是在单车智能自动驾驶的基础上，通过车联网将"人—车—路—云"交通参与要素有机地联系在一起，助力自动驾驶车辆在环境感知、计算决策和控制执行等方面的能力升级，加速自动驾驶应用成熟。

车路协同自动驾驶的技术优势体现在环境感知、计算决策、控制执行等三个方面。

（1）环境感知方面优势

目前，单车智能自动驾驶的技术解决方案中，视觉传感器、激光雷达、毫米波雷达以及红外夜视、超声波等成熟的传感器是主要的产品组成。各类别传感器的标称技术指标在持续稳步发展，并不断满足自动驾驶需求，已逐渐接近人类驾驶员的感知能力，甚至在部分技术能力上实现了超越，例如探测距离 200 m 以上、综合精度能够达到厘米级甚至毫米级。但是在各类传感器的可靠性，以及对突发事件的响应能力上仍然存在不足。另外，容易受到遮挡、恶劣天气等环境条件影响，如十字交叉路口、隧道出入口等。

车路协同自动驾驶通过车路协同、车车协同，能够极大地拓展单车的感知范围，并且不受遮挡限制，能够让单车提早发现未知状况，应对目标突然驶入等目前在自动驾驶测试和事故中难以应对的状况。此外，单车智能自动驾驶在目标预测、驾驶意图"博弈"等方面存在困难。车路协同能够直接给出关键结果状态信息，例如信号灯状态、周边车辆的下一步动作意图、当前路况下最佳的行驶路线等，减少了复杂的基于传感信息的计算处理过程，并且能够准确地了解周围交通参与者的意图。

（2）计算决策方面优势

计算决策主要实现的功能可以分为两类，一是对环境感知数据进行目标识别，深度神经网络是目前在感知中使用最多的方式，也是目前对算力消耗最大的计算任务；二是针对感知的结果以及车辆的行驶任务，给出行驶路线、车辆动作的决策规划。在硬件上，计算决策主要承载在基于 CPU、GPU、DSP、AI 芯片、MCU 等多核异构分布的计算处理平台上。算力和功耗之间的矛盾是目前单车智能自动驾驶计算处理平台遇到的重要瓶颈。同时，由于交通行为更多的是众多参与者之间的互相"博弈"，在路径动作的决策规划环节，单车智能自动驾驶难以给出最佳的解决方案。

车路协同有望分担单车的算力消耗，基于云控平台给出全局最优的驾驶策略。在算力方面，一是网联化作为"超级传感器"能够直接给出感知的目标结果，省去了复杂的对传感器信号的计算分析过程，如红绿灯的判断，从而大大减轻了单车的算力需求；二是能够借助云计算、边缘计算等能力，有望将路侧的算力引入，例如在路侧安装视觉传感器、激光雷达等传感器，将路侧感知结果进行下发等。在驾驶策略方面，在特定场景下，网联化能够集中采集其范围内的交通参与主体，根据所有主体的目的和状态，给出全局最优的解决方案，无须再通过"试探"和"博弈"给出决策规划，在矿山、港口、物流等非公共开放道路的特定场景下已经得到验证应用。

（3）控制执行方面优势

单车智能自动驾驶的控制执行主要是根据计算决策给出动作命令，通过车辆的动力学模型和人机交互界面，送到电机、油门、刹车等执行机构。在控制执行方面，考虑到自动驾驶系统和人类驾驶之间的协同处理以及车辆控制的可靠性、安全性，控制系统的冗余备份、高实时响应是主要的技术需求。

车路协同自动驾驶在控制执行方面能够提供远程遥控驾驶、协同驾驶的应用模式。

例如，在某些危险或不适合人类进入的场合，需要通过 5G 远程遥控驾驶来操作远端的车辆进行作业，目前在无人矿山等场合下已得到应用。在车辆编队行驶等方面，借助头车对后排车辆的控制执行和它们之间的信息交互，后排车辆能够按照头车的统一命令进行驾驶，减轻后排车辆的感知计算和任务负载。车路协同能够将车辆的控制和执行从单车上分开，助力打造创新性的应用模式。

（三）自动驾驶技术应用路线

2021 年 5 月，中国智能网联汽车产业创新联盟发布《智能网联汽车创新应用路线图》。

《智能网联汽车创新应用路线图》研判，到 2030 年，智能网联汽车各类场景应用将覆盖我国主要城市，成为交通运输的重要组成部分，逐步形成商业化运行，在汽车与交通、信息通信等产业的深度融合下，新型产业生态基本建成，如表 1-4 所示。

在乘用车方面，应用在封闭场地的自主代客泊车场景将不断扩大示范范围，随着未来几年的技术发展与商业化探索，将逐步形成大规模商业化应用；应用在城市道路的 Robotaxi 将形成新型客运方式，逐步从示范应用向商业化运营过渡；在高速路场景下，随着车辆自动驾驶技术的发展以及高速公路场景下网联化技术的引入，乘用车 HWP 功能将不断完善，逐步降低对驾驶员的依赖。

在客运车辆方面，自动驾驶通勤客车与专用车道快速公交主要应用在限定场景下，随着技术逐步成熟，到 2030 年，将在全国主要地区实现大规模商业化应用。

在城市道路方面，Robotaxi 逐步实现在全国主要城市的常态化、全天候运行，进一步与 MaaS 出行系统实现无缝衔接。

在货运车辆方面，港口、矿区等交通场景相对简单，法律法规制约较小，商业模式逐渐清晰，自动驾驶干线物流将随着技术与法规的逐步完善，不断提高覆盖线路范围，有效提高货运效率。

在功能型无人车辆方面，末端配送、环卫清扫等功能型无人车辆已经具备众多测试应用试点，未来将进一步扩大应用规模，在全国主要城市形成多样化智能网联功能型服务。

表1-4 智能网联汽车创新应用路线图（2021年5月）

车辆类型	行驶速度	典型场景		短期（2021—2022年）	中期（2023—2025年）	长期（2026—2030年）
乘用车	低速	泊车	应用普及	智慧停车场数量：百级（小范围示范）	近千级（进入商业化）	数千级（规模商业化）
			人员方面	需要远程监控		无须安全员
	中速	Robotaxi	应用普及	"十城千辆"运营示范	"半百城半万辆"运营示范	重点城市进入商业化运营
			人员方面	需要车内安全员	逐渐取消安全员	无须安全员
	高速	高速路自动驾驶HWP	应用普及	部分高速公路和快速路	大部分高速公路和快速路，部分高速公路网联化	全部高速公路和快速路，高速公路网联化覆盖率提升
			人员方面	驾驶员须快速响应	驾驶员响应事件延长/远程监控	安全区停车/远程接管
客运车	低速	园景区通勤/区域巴士	应用普及	限定区域开始示范	限定区域小规模商业化	限定区域规模商业化
			人员方面	需安全员/远程监控		无须安全员
	中速	专用车道/快速公交	应用普及	专用车道示范	小规模商业化	覆盖全国主要BRT
			人员方面	驾驶员须响应	驾驶员无须响应	无须驾驶员，需要安全员

车辆类型	行驶速度	典型场景		短期（2021—2022年）	中期（2023—2025年）	长期（2026—2030年）
货运车	低速	场内货运	应用普及	数十个十点、百台无人集装箱卡车	近百个十点、千台无人集装箱卡车	重点码头基本实现无人化
			人员方面	需驾驶员	逐步去除安全员	无须安全员
	中速	矿山货运	应用普及	数个矿区无人驾驶运输	多个矿山生产、运输、卸载无人化	自动驾驶成为智能矿山建设基本要求
			人员方面	需人员监控	1人监控多台矿车	1人监控1座矿山
	高速	干线物流	应用普及	少数跨省高速示范	覆盖部分高速公路主要干线和省市级直线	覆盖大部分高速公路主要干线市级直线
			人员方面	需驾驶员（跟随车辆需要）	需驾驶员（跟随车辆不需要）	无须安全员
功能车	低速	末端配送	应用普及	数个城市、百个园区示范	数个城市、千个园区示范	规模商业化
			人员方面	开放道路需要安全员（园区不需要）	开放道路需要安全员（园区不需要）	无须安全员
	低速	环卫清扫	应用普及	数十条开放道路、百个园区示范	数百条开放道路、数千个园区示范	规模商业化
			人员方面	开放道路需要安全员（园区不需要）	开放道路需要安全员（园区不需要）	需安全员，支持远程监控
	中速	巡逻侦查	应用普及	数个城市、百个园区示范	数十个城市、千个园区示范	规模商业化
			人员方面	开放道路需要安全员（园区不需要）	开放道路需要安全员（园区不需要）	无须安全员

三、任务实施

任务名称：智能网联汽车与自动驾驶基本概念			
姓名：	班级：		学号：
任务描述	自动驾驶是智能网联汽车的重要功能。自动驾驶技术的两个主要方向：单车智能自动驾驶和车路协同自动驾驶。 　　请你就"智能网联汽车、自动驾驶、单车智能、车路协同"等重要概念，结合自动驾驶实训车辆，搜集资料并分析，正确理解、说明单车智能自动驾驶和车路协同自动驾驶的技术内涵，在学习小组或班级里讨论、共享		
能力目标	能够正确、清晰地说明智能网联汽车、自动驾驶技术、车路协同技术等有关概念。 能够正确说明自动驾驶技术的基本组成、原理、技术发展方向、应用场景。 能够搜集、分析有关智能网联汽车、自动驾驶技术的信息资料		
实施准备	相关的文献、资料、数据； 自动驾驶实训车辆； 汇报用视频设备、纸、笔		
实施步骤	自主学习	学习相关知识； 获取相关信息； 撰写汇报、讨论提纲； 制作汇报、讨论 PPT	
	小组讨论	以学习小组为单位，进行研讨、分析，形成小组汇报；成果：提纲、PPT	
	小组汇报	汇报小组成果	
自我反思			

任务二

车路协同系统概念

一、任务信息

<table>
<tr><td colspan="5" align="center">任务二　车路协同系统概念</td></tr>
<tr><td>学时</td><td colspan="2">6 学时</td><td>班级</td><td></td></tr>
<tr><td>成绩</td><td colspan="2"></td><td>日期</td><td></td></tr>
<tr><td>姓名</td><td colspan="2"></td><td>教师签名</td><td></td></tr>
<tr><td>案例导入</td><td colspan="4">　　车辆追尾是指同车道行驶的车辆尾随而行时，后车车头与前车车尾相撞的事故。车辆追尾主要原因：汽车行驶中车间距小于最小安全间距，驾驶员反应迟缓，制动、转向系统性能异常等。
　　追尾事故在交通事故中占据很大的比例，特别是连环追尾事故，造成极大的财产和生命损失。
　　怎样从汽车技术和结构上解决车辆追尾问题，一直是汽车研究人员和制造厂家的重要课题。
　　请你根据车路协同技术的基本思路，分析、讨论如何解决车辆追尾问题</td></tr>
<tr><td rowspan="3">任务目标</td><td colspan="2">知识</td><td colspan="2">①掌握车路协同的概念；
②熟悉 5G 移动通信系统的基本概念；
③掌握基于车路协同自动驾驶系统架构；
④掌握自动驾驶系统架构中各系统的基本功能；
⑤熟悉车路协同系统的通信技术路线；
⑥熟悉 PC5 接口与 Uu 接口的基本功能</td></tr>
<tr><td colspan="2">技能</td><td colspan="2">能够利用关键词搜索有关车路协同自动驾驶系统架构与通信、移动通信基本概念的技术资料，阅读并简要分析</td></tr>
<tr><td colspan="2">素养</td><td colspan="2">培养自学能力；
培养团队合作意识；
培养技术创新意识</td></tr>
</table>

二、知识解析

（一）车路协同概述

车路协同（Vehicle-Infrastructure Cooperated Autonomous Driving，VICAD）是采用先进的无线通信和新一代互联网等技术，全方位实施车与车、车与路、车与人之间的动态实时信息交互，并在全时空动态交通信息采集与融合的基础上，开展车辆主动安全控制和道路协同管理，充分实现人、车、路的有效协同，保证交通安全，提高通行效率，从而形成安全、高效和环保的道路交通系统。

车路协同自动驾驶则是在单车智能自动驾驶的基础上，通过先进的车、道路感知和定位设备（如摄像头、雷达等）对道路交通环境进行实时高精度感知定位，按照约定协议进行数据交互，实现车与车、车与路、车与人之间不同程度的信息交互共享（网络互联化），并涵盖不同程度的车辆自动化驾驶阶段（车辆自动化），以及考虑车辆与道路之间协同优化问题（系统集成化）。通过车辆自动化、网络互联化和系统集成化，最终构建一个车路协同自动驾驶系统。

车路协同自动驾驶由智能车辆和智能道路两大关键部分组成。智能车辆是不同网联等级和自动化程度的车辆。智能道路包括道路工程及配套附属设施、智能感知设施（摄像头、毫米波雷达、激光雷达等）、路侧通信设施（直连无线通信设施、蜂窝移动通信设施）、计算控制设施（边缘计算节点、MEC或各级云平台）、高精度地图与辅助定位设施、电力功能等配套附属设备等。

（二）移动通信基本概述

1. 移动通信基本概念

移动网络通信技术是由有线通信技术和无线通信技术融合的综合技术，是通过移动网络信号系统，作为主体的人或设备可在不受位置约束的条件下，与固定位置或正在发生位移的另一方的主体人或设备进行通信的方式。

移动通信系统主要包括无线收发信机、交换控制设备和移动终端设备，这些设备通过无线传输、有线传输的方式进行信息的收集、处理和存储等。蜂窝移动通信系统主要由基站子系统（BSS）、移动台（MS）、网络子系统（NSS）、操作子系统（OSS）构成，如图1-6所示。

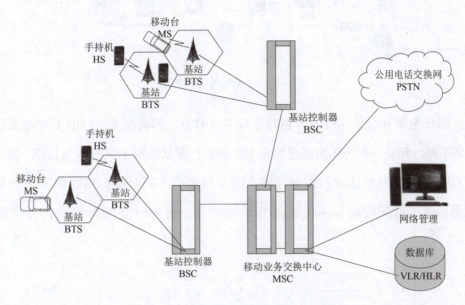

图1-6　蜂窝移动通信系统主要组成

基站子系统（BSS）包括一个基站控制器（BSC）和由其控制的若干基站收发台（BTS），负责管理无线资源，实现固定网与移动用户之间的通信连接，传送系统信号和用户信息。移动台（MS）包括手持台和车载台等。网络子系统（NSS）包括移动业务交换中心（MSC）、归属位置寄存器（HLR）、访问位置寄存器（VLR）、鉴权中心（AUC）等。操作子系统（OSS）负责移动通信系统的控制和检测，包括操作维护中心（OMC）、网络管理中心（NMC）等。

移动通信网络由接入网、核心网、传输承载网组成，如图1-7所示。无线接入网即基站，通过无线连接将用户终端连接到移动网络。传输网用于连接核心网与无线接入网，负责承载数据传输的网络。核心网是移动通信网的控制中枢，负责全部移动通信网络的管理和控制。

移动通信的工作方式采用双工制。双工制是指通信双方在通话时，收发信机也同时工作，即任一方在讲话的同时，也能收听到对方的信息。

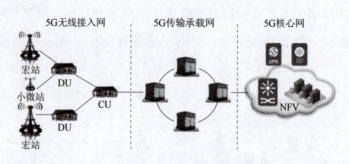

图1-7　5G组网结构示意图

双工制分为频分双工（FDD）和时分双工（TDD）两种模式。FDD是指收发信机所用的频率不同，频差一般为几兆赫兹到几十兆赫兹，即从频率上区分收发信道，如图1-8所示。TDD是指信号的接收和传送在同一频率信道的不同时隙，用时间来分离接收和传输信道，某个时间段由基站发送信号给移动台，另外时间段由移动台发送信号给基站。

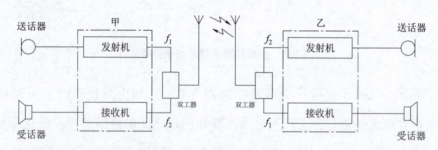

图1-8　频分双工模式

频分多址（FDMA）是将给定的频率资源划分为若干个等间隔的频道（或称信道），供不同用户使用。接收方根据载波频率来识别发射地址，从而完成多址连接，如图1-9所示。FDMA的多个信道在频率上分割，在时间、空间上重叠。在FDD情形下，分配给用户占用两段频段的一对信道：一个为前向信道即基站向终端的传输信道，另一个为反向信道即终端向基站的传输信道。

时分多址（TDMA）是把时间分割成周期性的帧，每一帧再分割成若干时隙，然后根据时隙分配原则，使各个终端在每帧内只能按指定的时隙向基站发送信号，在满足定时和同步的条件下，基站可以分别在各时隙中接收到各终端的信号。同时，基站发向多个终端的信号均按序在预定的时隙中传输，各终端只要在指定的时隙内接收，就能区分出发来的特定信号，如图1-10所示。

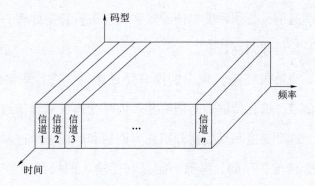

图 1-9　FDMA 示意图

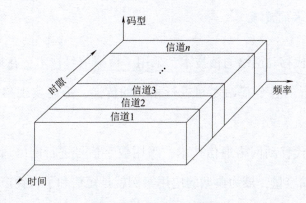

图 1-10　TDMA 示意图

码分多址（CDMA）是各发送端用各不相同、相互正交的地址码调制其发送的信号，在接收端利用码型的正交性，通过地址识别，从混合信号中筛选出相应的信号，如图 1-11 所示。

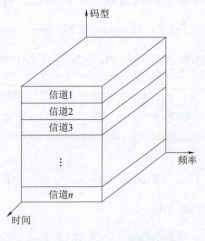

图 1-11　CDMA 示意图

要实现数字移动通信，必须将模拟信号数字化并进行特定处理，才能使其在合适的信道中传输，这就是编码和调制技术。

信源（信息源，也称发终端）发出的没有经过调制（进行频谱搬移和变换）的原始电信号称为基带信号。信息传输中必须将基带信号变换成适合信道传输的信号，并在接收端进行反变换。这个变换和反变换分别称为调制和解调。经过调制的信号称为频带信号，频带信号适合传输、存储。模拟调制是利用输入的模拟信号直接调制载波的振幅、频率或相位，数字调制是利用数字信号来控制载波的振幅、频率或相位。

2. 移动通信技术的发展

1G 网络是第一代移动网络通信技术，采用了模拟信号技术，在蜂窝基站的作用下，可将网络信号在邻近的各个基站之间进行相互的传递，最终实现移动电话的语音通话功能。

2G 网络是第二代移动网络通信技术，采用数字信号进行网络通信，提高了通话质量和通信系统的存储容量，最为典型的应用案例就是短信和手机铃声。

国际电信联盟（ITU）针对 3G 网络即第三代移动网络技术，颁发了《国际移动通信 2000 标准》。确定了四大标准，分别为 CDMA2000、WCDMA、TD-SCDMA、WIMAX 的无线接口标准。

4G 网络将 3G 网络技术和 WLAN（Wireless Local Area Networks）即无线局域网络技术融合在一起，使网络传输速率和传输质量较之前相比，得到了大幅提高。WLAN 遵循由国际电气和电子工程学会（IEEE, Institute of Electrical and Electronic Engineers）定义的无线网络通信 IEEE 802.11 标准。目前 4G 网络制式共有两种：

①LTE-FDD。LTE（Long Term Evolution），即长期演进（指 3G 技术的演进）；FDD（Frequency Division Duplex），即分频双工。其上行传输速率为 150 Mbit/s，下行传输速率为 50 Mbit/s。

②LTE - TDD。TDD（Time Division Duplex），即分时双工，上行传输速率为 100 Mbit/s，下行传输速率为 50 Mbit/s。

5G 网络即为第五代移动通信网络，其传输速率可达 4G 网络的百倍之多。3GPP（the 3rd Generation Partnership Project）即第三代合作伙伴计划，定义了 5G 的网络架构有两大类组网模式：独立组网（SA：Standalone）模式是指需要全新打造 5G 网络环境，如 5G 基站、5G 核心网等；非独立组网（NSA：Non-Standalone）模式是指在现有的 4G 硬件设施基础上，实施 5G 网络的部署工作。

3. 5G 指标要求

ITU-R 已经在 2015 年 6 月统一了 5G 系统的指标需求，如图 1-12 和表 1-5 所示。

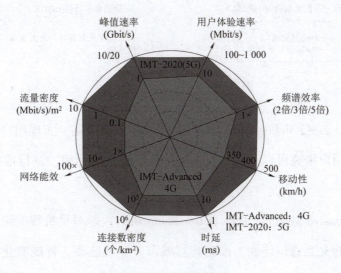

图 1-12　蜘蛛网模型

表 1-5　5G 系统指标

参数	用户体验速率	峰值速率	移动性	时延	连接数密度	能量损耗	频谱效率	业务密度（特定区域）
指标	100 Mbit/s~1 Gbit/s	10~20 Gbit/s	500 km/h	1 ms（空口）	10^6 个/km^2	不高于 IMT-Advanced	3 倍于 IMT-Advanced	10(Mbit/s)/m^2

4. 5G 应用的三大场景

3GPP 定义了 5G 网络的三大应用场景，如图 1-13 所示。

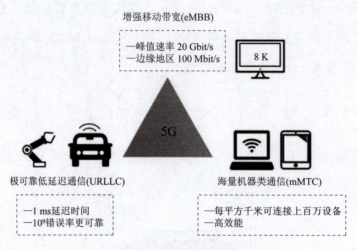

图 1-13　5G 网络三大应用场景

①eMBB（enhanced Mobile Broad Band）即增强移动带宽，实现用户或用户之间高质量的通信体验。用户带宽可以达到 1 Gbit/s，满足超高清视频、进行虚拟现实增强现实的需求。

②mMTC（massive Machine Type of Communication）即海量机器类通信，实现用户或用户与物体之间的交互通信体验。面向智慧城市、环境监测、智能农业、森林防火等以传感和数据采集为目标的应用场景，为低成本、低消耗的硬件设备提供了海量的联建方式。

③URLLC（Ultra-Reliable Low-Latency Communications）即高可靠、低延迟通信，实现对机器机械类远程控制的可靠性、安全性和低延迟性，面向车联网、工业控制等特殊应用场景。

5. 移动通信网络基本组成

5G 网络的基本组成部分：无线接入网、传输承载网和核心网，如图 1-14 所示。

接入网：RAN（Radio Access Network），将用户终端连接上网，基站是 RAN 的主要组成部分。

核心网：CN（Core Network），是移动网络的"管理中枢"，控制接入网与外部网络之间的数据传输。

传输承载网：BN（Bearer Network），负责传输网元之间的数据，包括接入网与核心

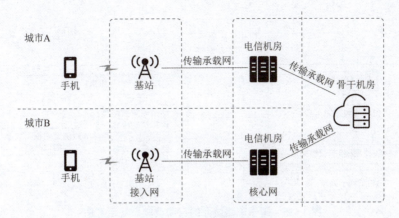

图 1-14　5G 网络基本组成

网之间的数据，接入网、核心网内部网元之间的数据。

（三）车路协同系统基本架构

路侧单元（Road Side Unit，RSU）是一种安装在路侧可实现车路协同通信、支持车路协同应用的设备。RSU 支持路侧交通设施（信号机、传感器、标识标牌等）数据的收集，与平台进行信息交互，与 OBU、弱势交通参与者进行通信。

一般路侧感知设备主要包括高清摄像机、毫米波雷达、激光雷达，可根据需求采取多传感器融合方式，以避免单一传感器的局限性。对于辅助驾驶场景，可采取"毫米波雷达+高清摄像机"，其中毫米波雷达主要负责有效测量障碍物的距离和方位，而摄像机应用图像识别技术精准分辨出驾驶过程中的行人、车辆、交通标志和障碍物。对于自动驾驶场景，可采取"毫米波雷达+高清摄像机+激光雷达"方式，对所有对象、事件进行精确识别。

1. 车路协同系统基本架构概述

（1）基本架构

参考 T/ITS 0098—2017《合作式智能运输系统通信架构》，基于车路协同的高等级自动驾驶系统主要分为中心子系统、道路子系统（Road Side Sub-system，RSS）和车辆子系统（Vehicle Sub-System，VSS）三个部分，各个子系统及其接口之间的交互如图 1-15 所示。

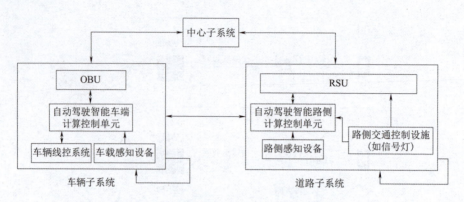

图1-15　基于车路协同的自动驾驶系统示意图

中心子系统：通过车辆子系统和道路子系统汇聚的数据，提供全局或者局部的ITS应用服务。

道路子系统：包括路侧单元（RSU）、自动驾驶智能路侧计算控制单元（Automatic Driving-Intelligent Computing Control Unit-Road Side，AV-ICCU-RS）、路侧感知设备以及其他路侧交通控制设施（如信号灯）。道路子系统可以收集道路环境及交通状态信息，形成全局感知消息，并可将信息共享给车辆子系统及中心子系统，同时，在特定场景下，道路子系统也可下发决策规划数据及控制数据到车辆子系统（主要用于路侧对自动驾驶车辆进行集中式决策控制）。

车辆子系统：包括车载单元（OBU）、自动驾驶智能车端计算控制单元（Automatic Driving-Intelligent Computing Control Unit-Onboard，AV-ICCU-OB）、车载感知设备以及车辆线控系统。车辆子系统可以感知收集道路环境及交通状态信息，用于自动驾驶车辆决策控制的依据，并可将感知信息共享至道路子系统或周边具备通信能力的车辆。同时，车辆子系统可接收来自道路子系统共享的感知消息，用于对车载感知信息的补充。车辆子系统可接收来自道路子系统的决策规划类消息及控制类消息，并依据此类信息对自动驾驶车辆进行实时决策控制。

（2）基本功能

RSS各组成单元功能如下：

路侧感知设备：具备感知功能的设备集，包括但不限于激光雷达、摄像机、毫米波雷达等设备，感知设备实时采集当前所覆盖范围的图像、视频、点云等原始感知数据，并将原始感知数据输入AV-ICCU-RS。

AV-ICCU-RS：包括对来自路侧感知设备的原始感知数据的实时处理，以此来获取道路交通环境中的交通参与者的状态信息、道路的状况信息、道路事件信息以及道路交通信息、天气信息等，并实时将处理后的信息通过 RSU 通知给 VSS 或其他 RSS。同时，当需要对车辆采用集中式控制的方式时，AV-ICCU-RS 可根据当时的交通状况及车辆的个体状况指定控制策略，并将决策规划策略及控制数据下发到 VSS。

RSU：为 RSS 提供通信能力，包括 RSS 间的通信能力以及 RSS 与 VSS 间的通信能力。

路侧交通控制设施：提供道路交通的控制能力，正常状况下，车辆需按照交通控制设施的指令运行，包括信号灯、动态限速等交通控制信号及指令。

RSS 在实际部署时，RSU、路侧感知设备以及路侧交通控制设施部署在路侧，而 AV-ICCU-RS 可以部署在路侧、边缘机房/MEC 等，有多种部署方式，是硬件和软件的合体，其中的硬件可以独立的物理设备或虚拟资源的方式给软件提供载体。AV-ICCU-RS 路侧部署和边缘机房/MEC 部署的示意图如图 1-16 和图 1-17 所示。

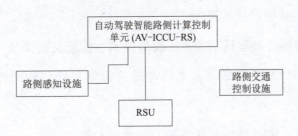

图 1-16　AV-ICCU-RS 路侧部署示意图

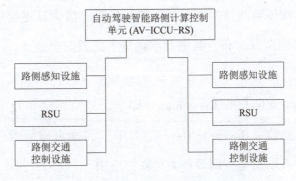

图 1-17　边缘机房/MEC 部署示意图

VSS 各组成单元功能如下：

车载感知设备：具备感知功能的设备集，包括但不限于激光雷达、摄像机、毫米波雷达等设备，感知设备实时采集当前所覆盖范围的图像、视频、点云等原始感知数据，并将原始感知数据输入 AV-ICCU-OB。

AV-ICCU-OB：通过对来自车载感知设备的原始感知数据的实时处理，以此来获取道路交通环境中的交通参与者的状态信息等，并可将实时处理后的信息通过 OBU 通知给 VSS 或 RSS，同时，实时生成车辆的行驶策略，并将行驶策略发送至自动驾驶车辆的线控系统。

车辆线控系统：通过车辆总线、车内以太网等链路对车辆进行控制，包括控制车辆的制动系统、转向系统、传动系统、车身控制等，能够控制车辆加速、减速、转向、灯光、双闪等。

OBU：为 VSS 提供了通信能力，是本标准所定义的数据集的交互通道。通信能力包括 VSS 间的通信能力以及 VSS 与 RSS 间的通信能力。

2. 车路协同系统通信

（1）车路协同系统通信技术路线

车路协同系统的核心要素是采用无线通信技术、实现交通系统中的各元素，主要是车与车、车与路、车与人以及车与云之间有效的数据交换，从而体现安全、节能、高效、舒适等价值。

目前，车路协同系统通信技术有两条不同的技术路线。

DSRC（Dedicated Short Range Communication）专用短程通信，是以 IEEE 802.11p 为基础，提供短距离无线传输的技术，车与车和车与路通信为其主要应用方式。由美国主导标准制定，2010 年完成并发布，其主要承载基本交通安全业务，不能支持未来的自动驾驶。

C-V2X（Cellular-Vehicle to Everything）即基于蜂窝网通信技术演进形成的车用无线通信技术，有直连通信（Device to Device，D2D）和蜂窝通信两种方式，支持包括车与车、车与路、车与人以及车与网等各类车联网应用。

C-V2X 作为后起之秀，在通信范围、容量、车辆移动速度、抗干扰性等各方面的性能，全面优于 DSRC。此外，C-V2X 还具备未来可支持自动驾驶的演进路线的优势。美国交通部 USDOT，也参与了 5G-V2X 标准的讨论和制定。

2020 年 11 月，美国联邦通信委员会正式投票决定将原分配给 DSRC（IEEE 802.11p）的 5.9 GHz 频段 70 MHz 带宽划拨给 Wi-Fi 和 C-V2X 使用，标志着美国正式宣布放弃 DSRC（IEEE 802.11p）并转向 C-V2X，也标志着由我国主推的 C-V2X 逐渐成为在全球范围内被认可的事实行业标准。

C-V2X 技术是主要的 V2X 代表技术。C-V2X 是 3GPP 全球标准，包含 LTE-V2X 和 5G-V2X。

LTE-V2X 是指基于第四代移动通信技术（4G LTE）设计的支撑车联网应用的无线通信网络，可以支持中低级别智能汽车和智能交通应用，主要承载基本交通安全业务，标准制定从 2015 年开始。2017 年 3 月完成其首份蜂窝车联网技术规范的制定工作，并在 3GPP RAN 会议上将其纳入 Release 14 版本中，称为 3GPP V2X 第一阶段，即 LTE-V2X（Long Term Evolution-Vehicle to Everything，长期演进-V2X）。2018 年 6 月，3GPP RAN 已完成 V2X 第二阶段，也称为 LTE-eV2X。目前，5G NR-V2X 的技术研究工作已经于 2020 年完成，3GPP Release 16 技术规范被冻结。

5G-V2X 是指基于第五代移动通信技术（5G）设计的支撑车联网应用的无线通信网络，可以支持中高级别智能汽车和智能交通应用。基于 5G NR 技术，5G-V2X 主要承载自动驾驶业务。

中国工业与信息化部明确选择了 LTE-V2X 制式，作为车联网的直连通信技术。结合国家政策及产业链生态的进展，C-V2X 技术更适合中国车联网的发展。

（2）C-V2X 通信空口

C-V2X 通信空口如图 1-18 所示。

Uu 蜂窝通信是在移动蜂窝通信技术中，通信基站与通信终端之间的通信方式。PC5 直连通信是在移动蜂窝通信技术中，通信终端与通信终端之间不经过通信基站而直接通信的通信方式。在 LTE-V2X 通信技术中，指车辆/人/交通路侧基础设施之间的直接通信。

C-V2X 通信包括 LTE-V2X 和 NR-V2X 两种接入技术，均支持两种通信方式和空中接口，一种是终端之间直通链路通信方式，其中终端之间的空中接口称为 PC5 接口；另一种是终端与基站之间的上/下行链路通信方式，其中终端和基站之间的空中接口称为 Uu 接口。

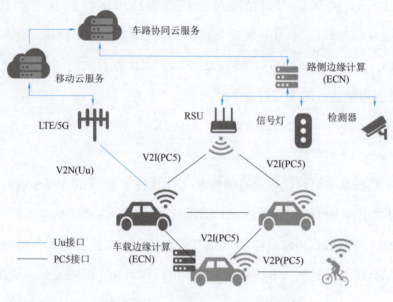

图 1-18　C-V2X 通信空口示意图

　　基于 PC5 接口的 LTE-V2X 直通链路通信方式包括两种发送模式，其中直通链路发送模式 Mode 3 为基站调度分配资源，直通链路发送模式 Mode 4 为终端自主资源选择。基于 LTE PC5 的工作模式为广播方式，基于 LTE-Uu 的工作模式可以是单播 MBMS（Multimedia Broadcast Multicast Service，多媒体广播多播业务）方式。类似地，NR-V2X 直通链路通信方式，定义了模式 Mode 1 为基站调度分配资源的方式，模式 Mode 2 为终端进行资源选择的方式。车载终端和路侧设备（RSU）可以分别使用这两种工作模式进行信息的接收和发送。

　　网络通信（Uu 接口）利用网络广播，通过 V2X 服务器中转，把信息传送到另一个节点。通过无线基站对 V2V 数据的调度和接口的管理进行辅助。Uu 接口具有广覆盖、可回传到云平台的特点，适合信息娱乐、远距离的道路危险或交通状况、延迟容忍安全消息等业务类型。

　　直连通信（PC5 接口），以 D2D（Device-To-Device，设备间）邻近通信服务为基础。PC5 接口可以实现 250 km/h 的高速度和高密度通信，支持无网络覆盖下通信，LTE-V2X 同时支持基站和全球导航卫星系统（GNSS）的时间同步。允许用户在有或没有网络覆盖的条件下彼此间直接广播消息。PC5 接口具有低延时、覆盖范围小的特点，适合交通安全类、局域交通效率类业务。

Uu 接口蜂窝网络通信由于使用蜂窝数据通信，延迟较大，主要应用于远程信息处理、娱乐信息节目和安全信息提醒等场景，如停车位寻找、排队提示、云端传感器共享和路况提示。当支持的终端设备如车载终端（V2V）、智能手机（V2P）、路侧单元（V2I）等处于蜂窝网络覆盖时，可在蜂窝网络的控制下使用 Uu 接口。Uu 接口的优点是上下行传输增强，可融合边缘计算。

PC5 接口直连通信具备延迟低、稳定性强等特点，非常适合安全方面的应用场景，比如追尾警告、超车碰撞警告、十字路口盲点提醒和路人警示等。在无蜂窝网络覆盖时，可使用 PC5 接口进行 V2X 通信。PC5 接口的优点是灵活、低时延，支持 V2X 消息（特别是车辆之间的消息）广播，可交换快速变化的动态信息（例如位置、速度、行驶方向等），还包括车辆编队行驶、传感器共享在内的未来更先进的自动驾驶应用，并在多方面进行了增强设计。

三、任务实施

任务名称：车路协同系统基本架构				
姓名：		班级：		学号：
任务描述	车路协同是自动驾驶技术的主要方向之一。 请你就"车路协同系统基本架构与通信"及有关重要概念，搜集资料并分析，正确理解、说明车路协同自动驾驶系统的基本架构、通信方式，在学习小组或班级里讨论、共享			
能力目标	能够正确、清晰地说明车路协同系统的基本架构、通信方式，以及涉及的移动通信技术的有关概念。 能够搜集、分析有关车路协同自动驾驶技术的信息资料			
实施准备	相关的文献、资料、数据； 汇报用视频设备、纸、笔			
实施步骤	自主学习	学习相关知识； 获取相关信息； 撰写汇报、讨论提纲； 制作汇报、讨论 PPT		
	小组讨论	以学习小组为单位，进行研讨、分析，形成小组汇报；成果：提纲、PPT		
	小组汇报	汇报小组成果		
自我反思				

项目二
车路协同系统组成

任务一
路侧感知与定位设备

一、任务信息

任务一 路侧感知与定位设备			
学时	8 学时	班级	
成绩		日期	
姓名		教师签名	
案例导入	交通事故"鬼探头"是指车辆前方突然出现行人、非机动车等横穿道路，而由于周围的建筑物、绿植、侧边车辆等遮挡视线，驾驶员不能预先发现，导致发生交通事故。此类事故往往造成严重伤亡和财产损失。 请你思考、讨论以下问题： ①从车路协同技术的思路，怎样避免发生"鬼探头"事故？ ②路侧设施的基本功能是什么？ ③路侧设施应该配置哪些设备		
任务目标	知识	①掌握摄像机的基本结构、基本原理、性能指标； ②掌握激光雷达的基本结构、基本原理、性能指标； ③掌握毫米波雷达的基本结构、基本原理、性能指标； ④掌握高精度地图的概念； ⑤熟悉高精度地图的信息和特点； ⑥熟悉高精度地图信息的主要功用； ⑦掌握北斗卫星定位（BDS）系统的基本组成； ⑧掌握卫星定位基本原理； ⑨熟悉 RTK 基本概念； ⑩掌握 RSU 的基本功能、关系网	
	技能	能够利用关键词搜索路侧感知定位设备的技术资料，阅读并简要分析； 结合路侧设施实训设备，能够分析路侧设备的基本性能	
	素养	培养自学能力； 培养团队合作意识； 培养技术创新意识	

二、知识解析

一般路侧感知设备主要包括高清摄像机、毫米波雷达、激光雷达，可根据需求采取多传感器融合的方式，以避免单一传感器的局限性。对于辅助驾驶场景，可采取"毫米波雷达+高清摄像机"方式，其中毫米波雷达主要负责识别车辆，摄像机主要负责识别行人。对于自动驾驶场景，可采取"毫米波雷达+高清摄像机+激光雷达"方式，对所有对象、事件进行精确识别。如图2-1所示是路侧感知设备。

路侧传感器优先部署在交叉路口、盲区、弯道、匝道等，可大幅提升交通安全性和效率，取得立竿见影的效果。

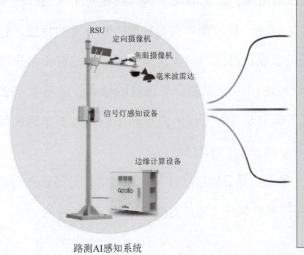

- 摄像机感知系统：完成对区域原始视频的采集，并将码流数据实时传输给边缘计算系统；
- 信号灯感知系统：采集及识别路口的信号灯信息，通过智能学习，准确识别路口的信号灯灯态，通过通信系统发送给车端，同时将信号灯数据传输给边缘计算系统；
- C-V2X通信系统：可为车辆提供LTE-V2X、融合网络服务，实现信息车路双向的快速传递，并提供时钟校准信息；
- 边缘计算系统：实现传感器采集的环境数据解析、融合及V2X报文编辑，包含采集传感、计算决策、通信汇聚、安全认证、状态检测等模块

图 2-1　路侧感知设备

（一）摄像机

车载摄像机获取车道、车辆、行人和交通标志等图像信息，图像信息被获取之后在视觉处理芯片上通过各类算法进行处理，提取有效信息后进入决策层用于决策判断。在目标识别的基础上，车载摄像机可以实现测距和测速等功能。

根据汽车摄像机模块的不同，目前使用的摄像机分为单目摄像机、双目摄像机、三目摄像机和红外摄像机。

单目摄像机可以在图像匹配并识别目标物体之后，通过其在图像中的大小去估算目

标距离，双目或者多目摄像机则可以直接通过视差计算进行测距。

1. 基本功能

在自动驾驶系统中，通常使用视觉传感器来完成对道路的检测，以及对车辆、交通标志等的检测、识别和分类。道路的检测包含对车道线的检测（Lane Detection）、可行驶区域的检测（Drivable Area Detection）。检测任务还包括对其他车辆的检测（Vehicle Detection）、行人的检测（Pedestrian Detection）、交通标志和信号的检测（Traffic Sign Detection）等，以及对所有交通参与者的检测、识别和分类。

车道线的检测涉及两个方面：一是识别车道线，对于弯曲的车道线，能够计算其曲率，即弯曲的弧度，以决定方向盘的控制角度；二是确定车辆自身相对于车道线的偏移（即智能车自身在车道线的哪个位置）。其中一种检测方法是提取一些车道的特征，包括边缘特征（如索贝尔算子，通常是通过求取边缘线的梯度，即边缘像素的变化率来检测车道线）、车道线的颜色特征等，然后再使用多项式拟合车道线的像素，最后基于多项式以及当前摄像机在车上挂载的位置，确定前方车道线的曲率和车辆相对于车道的偏离位置。

对于可行驶区域的检测，目前的一种做法是采用深度学习神经网络，对场景进行像素分割，即通过训练一个像素级分类的深度神经网络，完成对图像中可行驶区域的分割。

2. 基本结构与原理

摄像机的基本组成如图 2-2 所示，从结构上来看，车载摄像机的主要组成包括镜头、图像传感器（CCD 或 CMOS 器件）、DSP 数字处理芯片等，整体部件通过模组组装而成。

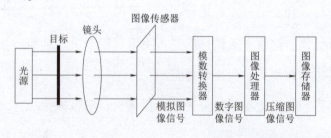
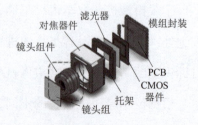

图 2-2　摄像机的基本组成

被摄体经过镜头聚焦到 CCD。CCD 由多个 $X-Y$ 纵横排列的像素点组成，每个像素点都由一个光电二极管及相关电路组成。光电二极管将光线转换成电荷，电荷量与光线强度成比例。积累的电荷在相关电路的控制下，逐点移出、滤波、放大，再经 DSP 处理后形成数字图像编码信号，控制电路再处理之后输入自动驾驶控制器。

电荷耦合元件 CCD 分为两类：线阵 CCD 和面阵 CCD。线阵 CCD 的微型光电二极管为一维排列，可以接收一维光学信息；面阵 CCD 的微型光电二极管为二维矩阵排列，可以接收二维光学信息。

摄像机首先通过图像匹配对图像目标进行识别（各种车型、行人、物体等），识别出物体的具体轮廓，然后根据图像目标的宽度和高度进一步估算距离。在算法设计中，需要将标记有待识别目标的图片组合成为样本数据库，并通过算法学习图片的特征，最终能够识别出待识别目标。常见的样本数据库包括：车型数据库、动物数据库、交通参与者（人类、自行车、助动车等）数据库、交通标识数据库、道路结构数据库等。

摄像机的弱点是对外部光源的依赖，低照度或者夜晚光线弱的情况下，摄像机的性能会迅速下降，另外，正对阳光、出入隧道、雨雪雾霾恶劣天气等，都影响摄像机信号。

摄像机性能指标如下：

（1）像素

CCD 上每一个微小光电转换半导体物质（光电二极管），即对应一个像素。像素越高，表示感测到的物体细节越多，从而图像就越清晰。图像分辨率则是单位英寸[①]中所包含的像素点数。像素越高则图像的分辨率也越高。分辨率的单位有 dpi（点每英寸）、lpi（线每英寸）、ppi（像素每英寸）和 PPD（Pixels Per Degree，角分辨率，即像素每度）

（2）帧率

单位时间（秒）所记录或播放的图片的数量。帧率越高，图像越流畅、越逼真。

（3）靶面尺寸

图像传感器感光部分的对角线长度，单位一般为英寸。靶面越大，通光量越好；靶面越小，景深越大。

---

①1 英寸 = 2.54 厘米。

（4）感光度

通过 CCD 或 CMOS 以及相关的电子线路感应入射光线的强弱。

（5）信噪比

信号电压对噪声电压的比值，单位为 dB，典型值为 45~55 dB。信噪比越高对噪声的抑制越好。

（6）电子快门

用来控制图像传感器的感光时间。感光时间越长，信号电荷积累越多，输出信号幅值越高。

3. 单目摄像机

单目摄像机模组包含一个摄像机和一个镜头。单目摄像机可识别 40~120 m 的范围，未来将达到 200 m 或更远。单目摄像机的视角越宽，可以检测到的精确距离长度越短，视角越窄，检测到的距离越长。

单一的摄像机由于镜头角度、探测范围和精度不同，在实际应用中经常采用组合的单目摄像机来实现不同的环境检测。

①长焦摄像机和短焦摄像机组合的方式，提供远距离精确探测和近距离大范围探测；

②四个鱼眼摄像机分别布置在车辆的前后左右，通过图像拼接提供环视功能。

在智能汽车自动驾驶系统中，通过不同焦距和不同仰角的多个单目摄像机，可以获得不同位置的交通标志、信号灯和各种道路标志的检测和识别能力。

例如，在长焦摄像机的成像中，100 m 处的交通灯足够大，100 m 处的交通标志上的数字也清晰可见，而在短焦距摄像机的成像中，100 m 处的交通标志上的数字是完全不清楚的，但是能够获得近距离更广范围的环境信息。

因此多个单目视觉传感器的组合方案在智能汽车领域得到了广泛的应用。

由于很多图像算法的研究都是基于单目摄像机开发的，相对于其他类别的摄像机，单目摄像机的算法成熟度更高。但是单目摄像机有着两个缺陷：一是视野完全取决于镜头。焦距短的镜头，视野广，但缺失远处的信息，反之亦然，因此单目摄像机一般选用适中焦距的镜头。二是单目测距的精度较低。摄像机的成像图是透视图，即越远的物体成像越小。近处的物体，需要用几百甚至上千个像素点描述，而位于远处的同一物体，可能只需要几个像素点即可描述出来。这种特性会导致越远的地方，一个像素点代表的距离越大，因此对单目摄像机来说物体越远，测距的精度越低。

4. 双目摄像机

单目摄像机的工作原理是先识别后测距，首先通过图像匹配对图像进行识别，然后根据图像的大小和高度进一步估计障碍物和车辆移动时间。双目摄像机（见图 2-3）的工作原理是先对物体与本车距离进行测量，然后再对物体进行识别。双目摄像机就是利用两幅图像的视差直接对前方目标测量距离，无须判断目标的类型。理论上，双目摄像机的精度可达毫米级，而且双目摄像机计算距离所花费的时间远低于单目摄像机。

图 2-3　双目摄像机

视觉规划通常需要测量车辆与前方障碍物之间的距离并识别障碍物，需要多个单目与双目摄像机组成摄像机平台。考虑到周围环境和远距离目标检测，还有一些情况下需要使用远摄和广角摄像机来匹配主摄像机。

双目摄像机在 20 m 范围内具有明显的测距优势，在 20 m 以外，很难缩小视差的范围。采用高像素摄像机和较好的算法可以提高测距性能。双目摄像机镜头间距越小，探测距离越近；镜头间距越大，探测距离越远。

双目摄像机可以在不识别目标的情况下获得深度距离数据。从理论上讲，立体摄像机的误差可以小于 1%。

虽然双目摄像机能得到较高精度的测距结果并提供图像分割的能力，但是它与单目摄像机一样，镜头的视野完全依赖于镜头。双目摄像机对两个镜头的安装位置和距离要求较多，会给相机的标定带来更多要求。双目摄像机测距的基本原理如图 2-4 所示。

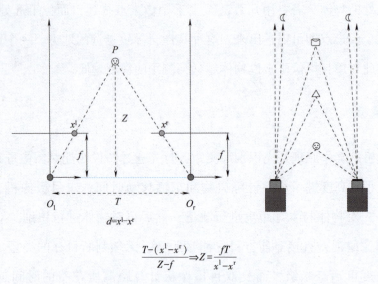

$$\frac{T-(x^l-x^r)}{Z-f} \Rightarrow Z=\frac{fT}{x^l-x^r}$$

图 2-4 双目摄像机测距示意图

图 2-4 中，f 代表相机的焦距。假设有一个点 P，沿着垂直于相机中心连线方向上下移动，则其在左右相机上的成像点的位置会不断变化，即 $d=x^l-x^r$ 的大小不断变化，并且点 P 和相机之间的距离 Z 与视差 d 存在着反比关系。视差 d 可以通过两个相机中心距 T 减去 P 点分别在左右图像上的投影点偏离中心点的值获得，所以只要获取到了两个相机的中心距 T，就可以评估出 P 点距离相机的距离。

5. 红外夜视摄像机

远红外成像系统在夜间场景能发挥自身独特的优势。各种目标物体均辐射红外线（波长为 0.78~1 000 μm），红外线本质上是一种热辐射电磁波，以光速传播，遵循反射、折射、衍射和偏振等规律。红外夜视摄像机基于红外热成像原理，通过能够透过红外辐射的红外光学系统，将视场内景物的红外辐射聚焦到红外探测器上，红外探测器再将强弱不等的辐射信号转换成相应的电信号，然后经过放大和视频处理，形成可供人眼观察的视频图像。

图像处理算法在处理远红外夜视图像过程中依然能够发挥作用，因此红外夜视系统能够像可见光摄像机一样，获取环境中的目标大小和距离等信息，在光照不足的条件下，对基于可见光的视觉传感器的应用是一种有效补充。

（二）激光雷达

1. 基本结构

激光雷达（LiDAR）通过测量激光信号的时间差、相位差确定距离，通过水平旋转扫描或相控扫描检测角度，并根据这两个数据建立二维的极坐标系，再通过获取不同俯仰角度的信号获得第三维的高度信息，高频激光可在 1 s 内获取大量（$10^6 \sim 10^7$ 数量级）的点云（Point Cloud）信息，并根据这些信息进行三维建模，除了获得位置信息外，还可通过激光信号的反射率初步区分不同材质。

激光雷达系统主要包括激光发射器、光学扫描器、光电检测器、导航系统等四部分。

（1）激光发射器

二极管激光发射器的工作原理是通过一定的激励方式，在半导体物质的能带（导带与价带）之间，或者半导体物质的能带与杂质（受主或施主）能级之间，实现非平衡载流子的粒子数反转，当处于粒子数反转状态的大量电子与空穴复合时，便产生受激发射作用。

车载激光雷达应用了最安全的激光类型。在国际电工委员会（IEC）的激光分类中，Category 1 级指光辐射水平在任何曝光条件下均不高于眼睛的暴露极限。

（2）光学扫描器

激光雷达成像的速度取决于外部反射的光子经光学扫描部件进入系统的速度。有许多扫描的方法可以改变方位角和仰角，如双振荡平面镜、双轴扫描镜、多面镜等。光学扫描器决定了激光雷达的分辨率和检测范围（角度）。

（3）光电检测器

光电检测器即读取和记录反射回到激光雷达的信号的设备。主要有两种光电检测技术，分别为固态检测器（Solid State Detector）和光电倍增管。

（4）导航系统

当激光雷达安装在移动的平台上时，需要其他设备的协助以确定设备当前的位置和转向信息，这样才能保证激光雷达测量数据的可用性。卫星导航系统（Global Navigation

Satellite System，GNSS）可以提供准确的地理位置信息，惯性测量单元（Inertial Measurement Unit，IMU）则记录当前位置下激光雷达的姿态和转向信息。GNSS 和 IMU 配合使用，可以将激光雷达测量点由相对坐标系转换为绝对坐标系上的位置点，从而应用于不同的系统中。

2. 基本原理

激光雷达作为在激光测距雷达基础上发展起来的一项主动成像雷达技术，如图 2-5 所示，通过发射和接收激光束，分析激光遇到目标对象后的折返时间，计算出到目标对象的相对距离，并利用此过程中收集到的目标对象表面大量密集的点的三维坐标、反射率和纹理等信息，快速得到被测目标的三维模型以及线、面、体等各种相关数据，建立三维点云图，绘制出环境地图，以达到环境感知的目的。由于光速非常快，飞行时间很短，因此要求测量设备具备很高的精度。从效果上来讲，激光雷达维度（线束）越多，测量精度越高，安全性就越高。

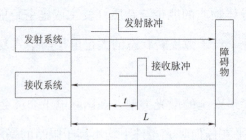

图 2-5　激光测距原理

相比于可见光、红外线等传统被动成像技术，激光雷达技术的显著特点是：一方面，颠覆了传统的二维投影成像模式，可采集目标表面深度信息，得到目标相对完整的空间信息，经数据处理，重构目标三维表面，获得更能反映目标几何外形的三维图形，同时还能获取目标表面的反射特性、运动速度等丰富的特征信息，为目标探测、识别、跟踪等数据处理提供充分的信息支持，降低算法难度；另一方面，主动激光技术的应用，使得其具有测量分辨率高、抗干扰能力强、抗隐身能力强、穿透能力强和全天候工作的特点。

在汽车行驶的过程中，激光雷达同时以一定的角速度匀速转动，不断地发出激光并收集反射点的信息，以便得到全方位的环境信息。激光雷达在收集反射点距离的过程中也会同时记录下该点发生的时间和水平角度（Azimuth），并且每个激光发射器都有编号和固定的垂直角度，根据这些数据我们就可以计算出所有反射点的坐标。激光雷达每旋转一周收集到的所有反射点坐标的集合就形成了点云。

如图 2-6 所示，LiDAR 通过激光反射可以测出与物体的距离 $distance$，因为激光的垂直角度是固定的，记作 a，这里可以直接求出 z 轴坐标为 $sina×distance$。由 $cosa×distance$ 可以得到 $distance$ 在 xy 平面的投影，记作 xy_dist。LiDAR 在记录反射点距离的同时也会记录下当前 LiDAR 转动的水平角度 b，根据简单的集合转换，可以得到该点的 X 轴坐标和 Y 轴坐标分别为 $cosb×xy\_dist$ 和 $sinb×xy\_dist$。

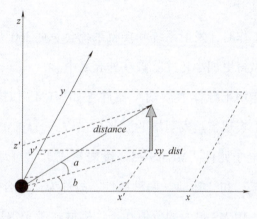

图 2-6　点云的产生

3. 基本类型

激光雷达根据结构分为机械式激光雷达、混合固态激光雷达和固态激光雷达。

（1）机械式激光雷达

机械式激光雷达，是指其发射系统通过不断旋转发射头，将速度更快、发射更准的激光从"线"变成"面"，并在竖直方向上排布多束激光，形成多个面，实现动态扫描并动态接收信息。

机械式激光雷达技术相对成熟，但价格昂贵，量产的可能性较低，同时存在光路调试、装配复杂、生产周期长、机械旋转部件在行车环境下的可靠性不高、难以符合车规的严苛要求等不足。

如图 2-7 所示为机械式激光雷达结构示意图。

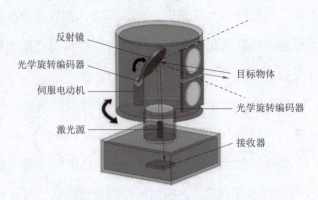

反射镜

光学旋转编码器

伺服电动机

激光源

目标物体

光学旋转编码器

接收器

图 2-7　机械式激光雷达结构示意图

（2）混合固态激光雷达

机械式激光雷达在工作时，发射系统和接收系统会一直360°旋转，而混合固态激光雷达是将机械旋转部件做得更加小巧并隐藏在外壳之中。

混合固态激光雷达指用半导体"微动"器件（如 MEMS 扫描镜）来代替宏观机械式扫描器，在微观尺度上实现雷达发射端的激光扫描方式。MEMS 扫描镜是一种硅基半导体元器件，属于固态电子元件。MEMS 扫描镜内集成了"可动"的微型镜面，由于 MEMS 扫描镜兼具"固态"和"运动"两种属性，故称为"混合固态"。

对于激光雷达来说，MEMS 最大的价值在于：机械式激光雷达必须使激光发射器转动进行扫描，而 MEMS 微机电系统可以直接在硅基芯片上集成体积精巧的微振镜，由可以旋转的微振镜反射激光器的光线，从而实现扫描。

MEMS 微机电系统可有效降低整个系统在行车环境出现问题的概率，主要部件运用芯片工艺生产之后，量产能力也得以大幅度提高，有利于降低激光雷达的成本。

（3）固态激光雷达

相比于机械式激光雷达，固态激光雷达在结构上最大的特点就是取消了旋转部件，体积相对较小。

从使用的技术上，固态激光雷达分为 OPA 固态激光雷达和 Flash 固态激光雷达。

1）OPA 固态激光雷达

OPA（Optical Phased Array）光学相控阵技术，采用多个光源组成阵列，通过控制各光源发光时间差，合成具有特定方向的主光束，然后再加以控制，主光束便可以实现对不同方向的扫描。相控阵激光雷达内部结构如图 2-8 所示。

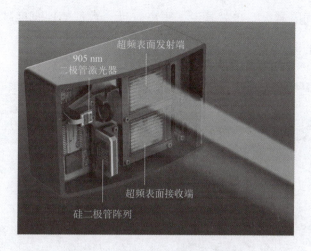

图 2-8 相控阵激光雷达内部结构

相对于 MEMS，OPA 完全取消了机械结构，通过调节发射阵列中每个发射单元的相位差来改变激光的出射角度。

相比传统机械式激光雷达，OPA 固态激光雷达有扫描速度快、精度高、可控性好、体积小等优点，但生产难度高。

2）Flash 固态激光雷达

Flash 固态激光雷达的原理是快闪，在短时间直接发射出一大片覆盖探测区域的激光，再以高度灵敏的接收器来完成对环境周围图像的绘制。因此，Flash 固态激光雷达属于非扫描式雷达，发射面阵光，能快速记录整个场景，可以二维或三维图像为重点输出内容。

4. 性能指标

（1）线束

为获得尽量详细的点云图，激光雷达必须要快速采集周围环境的数据。一种方式是提高发射机/接收机的采集速度，每个发射机在每秒内可以发送十万组以上脉冲，也就是说在 1 s 内，有 100 000 组脉冲完成一次发射/返回的循环。复杂的激光雷达有高达 64 组发射机/接收机，组就是线的意思，线表示激光雷达系统包含独立的发射机/接收机的数目。多线的配置使得激光雷达在每秒内可构建高达百万的数据点。

如图 2-9 所示是多线激光雷达扫描的点云，图中每个同心圆表示一组激光器扫描的点云。对于两组相邻的激光器而言，其垂直间隔角为常量，因此距离越远，相邻激光器扫描的点云同心圆间隔越大，也就是说，距离越远，数据的保真度越低。激光雷达对于近处的物体有更高的分辨率。

图2-9　激光雷达点云图

（2）方位角

方位角（Field of View，FOV）包括水平方位角和垂直方位角，指的是激光雷达在水平和垂直方向的检测角度。

激光雷达系统采用旋转镜头，如图2-10所示，激光雷达的主体部分固定在旋转电动机的基座上，工作时不断旋转，即可对周围360°进行扫描，也就是说这些激光雷达的水平方位角为360°。

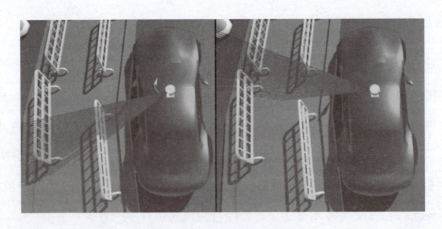

图2-10　水平扫描示意图

垂直方位角指的是激光雷达垂直方向的检测角度，一般在 40°以内。Velodyne HDL-64E 激光雷达的几个激光发射单元之间有一定间隙，如图 2-11 所示。

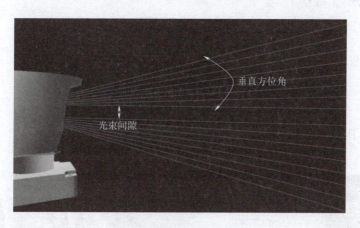

图 2-11　垂直扫描示意图

（3）扫描帧频

扫描帧频是指激光雷达点云数据更新的频率。对于混合固态激光雷达来说，也就是旋转镜每秒钟旋转的圈数，单位为 Hz。例如：10 Hz 即旋转镜每秒转 10 圈，同一方位的数据点更新 10 次。

（4）角分辨率

角分辨率分为水平角分辨率和垂直角分辨率。水平角分辨率是指水平方向上扫描线间的最小间隔度数。它随扫描帧频的变化而变化，转速越快，则水平方向上扫描线的间隔越大，水平角分辨率越大。垂直角分辨率指的是垂直方向上两条扫描线的间隔度数。

（5）测量精度

激光雷达数据手册中的测量精度（Accuracy）常表示为如±2 cm 的形式。测量精度表示激光雷达测量位置与实际位置偏差的范围。

（6）探测距离

探测距离是指激光雷达的最大测量距离。在自动驾驶领域应用的激光雷达的测距范围普遍在 100~200 m。

（7）数据率

数据率是激光雷达每秒钟生成的激光点数。例如：40 线扫描帧频为 20 Hz 的激光雷达，水平角分辨率是 0.45°（每一圈每束激光扫描 800 次），因此每秒钟生成的激光点数

和为：$40×20×800= 640\ 000$（points/s）。

（三）毫米波雷达

1. 基本组成

毫米波雷达主要由天线、射频组件、信号处理模块以及控制电路等部分构成，如图 2-12 所示，其中天线和射频组件是核心硬件。

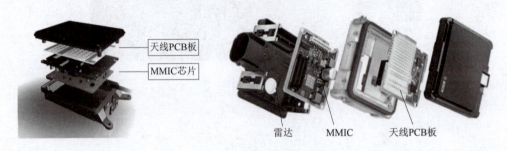

图 2-12　毫米波雷达基本组成

天线是实现毫米波发射和接收的部件，由于毫米波的波长只有毫米长度，天线可以实现小型化，同时通过设计多根天线可以形成列阵，因此可以集成在 PCB 板上。这种天线 PCB 板具有体积小、质量轻、低成本、电性能多样化以及易集成等多种优点。

射频组件负责毫米波信号调制、发射、接收以及回波信号的解调等，为满足车载雷达小体积、低成本等要求，目前最主流的方案就是将射频组件集成化，即单片微波集成电路（MMIC）。MMIC 通过半导体工艺在砷化镓（GaAs）、锗硅（SiGe）或硅（Si）芯片上集成了包括低噪声放大器（LNA）、功率放大器、混频器、上变频器、检波器等多个功能电路。通过 MMIC 芯片，射频组件具有了集成度高、成本低等特点，大幅简化了毫米波雷达的结构。

2. 基本工作原理

利用高频电路产生特定调制频率（FMCW）的电磁波，并通过天线发送电磁波和接收从目标反射回来的电磁波，通过发送和接收电磁波的参数来计算目标的各个参数。可以同时对多个目标进行测距、测速以及方位测量。测速是根据多普勒效应，而方位测量（包括水平角度和垂直角度）是通过天线的阵列方式来实现的。毫米波雷达基本原理如

图 2-13 所示。

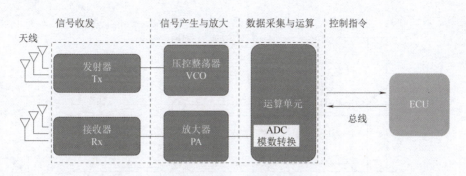

图 2-13　毫米波雷达基本原理

根据辐射电磁波方式的不同，毫米波雷达主要有脉冲体制和连续波体制两种工作体制。脉冲方式的毫米波雷达的基本工作原理与激光雷达相似，在硬件结构上比较复杂、成本较高，很少用于自动驾驶汽车。目前大多数车载毫米波雷达都采用调频连续波方式。调频连续波方式的毫米波雷达，具有结构简单、体积小、成本低廉的特点，容易实现近距离探测。

FMCW 雷达系统主要包括发射天线、接收天线、射频前端、调制信号和信号处理模块，如图 2-14 所示。

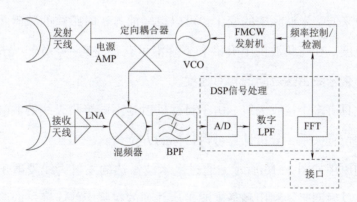

图 2-14　FMCW 雷达系统

FMCW 调频连续波雷达的不同调制形式：正弦波调制、锯齿波调制、三角波调制。不同调频方式的雷达，其硬件构成基本相同，只有小部分电路模块、电路参数与信号处理算法有所区别。对于单个静止物体的测量，锯齿波调制方式即可满足；对于运动物体，多采用三角波调制方式。

毫米波雷达主要测量目标的三个参数，即距离、速度和方位角，测量基本原理如

图 2-15 所示。

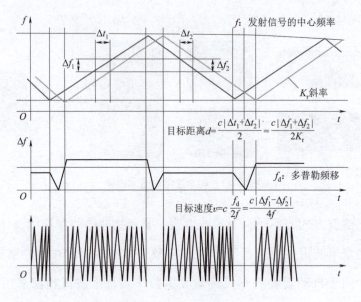

目标距离 $d=\dfrac{c|\Delta t_1+\Delta t_2|}{2}=\dfrac{c|\Delta f_1+\Delta f_2|}{2K_r}$

目标速度 $v=c\dfrac{f_d}{2f}=\dfrac{c|\Delta f_1-\Delta f_2|}{4f}$

图 2-15　毫米波检测原理

测量频率差可获得目标与自车毫米波雷达之间的距离信息，差频信号一般为 kHz 量级。

根据多普勒效应，毫米波雷达的频率变化、本车及跟踪目标的相对速度是紧密相关的，根据反射回来的毫米波频率的变化，可以得知前方实时跟踪的障碍物目标和本车相比的相对运动速度。在三角波的上升沿和下降沿可获得差频——Δf_1、Δf_2，通过计算可得到目标与自车毫米波雷达之间的相对速度。

毫米波雷达具有多个接收天线。由于目标反射到不同接收天线的波幅和相位发生差异，结合天线的位置关系，分析计算可得目标的方位角。

方位角监测原理如图 2-16 所示，通过毫米波雷达的发射天线发射出毫米波后，遇到被监测物体，反射回来，利用和毫米波雷达并列的接收天线，通过收到同一监测目标反射回来的毫米波的相位差，即可计算出被监测目标的方位角。

方位角 α_{AZ} 是通过毫米波雷达接收天线 Rx_1 和接收天线 Rx_2 之间的几何距离 d，以及两根毫米波雷达天线所收到反射回波的相位差 b，然后通过三角函数计算得到方位角 α_{AZ} 的值，结果得到监测目标的方位角。

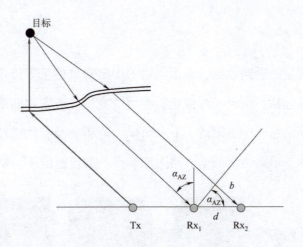

图 2-16 方位角监测示意图

（四）高精度地图

1. 高精度地图的概念

数字地图是地理信息空间的载体，它将客观现实世界中的空间特征以一定的数学法则（即模式化）符号化、抽象化，将空间特征表示为形象符号模型或者称为图形数学模型。

高精度地图拥有精确的车辆位置信息和丰富的道路元素数据信息，起到构建类似于人脑对于空间的整体记忆与认知的功能，可以帮助汽车预知路面复杂信息，如坡度、曲率、航向等，更好地规避潜在的风险，是智能汽车的核心技术之一。

高精度地图相比于 GPS 的传统地图而言，最显著的特征是其表征路面特征的精准性。传统地图只需要做到米级的精度就可以实现基于 GPS 的导航，而高精度地图需要至少十倍以上的精度，即达到厘米级的精度才能保证自动驾驶汽车行驶的安全性。同时，高精度地图还需要有比传统地图更高的实时性。由于道路路网经常会发生变化，如道路整修、标识线磨损或重漆、交通标识改变等，这些改变都要及时反映在高精度地图上，以确保自动驾驶汽车的行车安全。

高精度地图可以将车辆位置精准地定位于车道之上、帮助车辆获取更为准确、有效、全面的当前位置交通状况，并为智能汽车规划制定最优路线。

2. 高精度地图信息

高精度地图将大量的道路数据、车道周边的固定对象信息等行车辅助信息存储为结构化数据，这些信息包括：车道线的位置、类型、宽度、坡度和曲率等车道信息，交通标志、交通信号灯等信息，车道限高、下水道口、障碍物及其他道路细节，还包括高架物体、防护栏、树木、道路边缘类型、路边地标等基础设施信息，如图2-17所示。

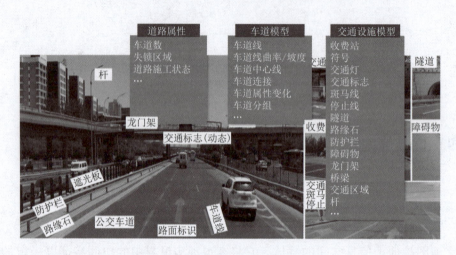

图2-17　高精度地图信息模型示意图

与传统地图相比，高精度地图信息的丰富性和准确性都有显著的提升。高精度地图包含的信息有以下内容和特点。

（1）道路参考线

为了实现车道级导航、路径规划功能，需要在原始地图数据中抽象道路结构，形成由顶点组成的拓扑图形结构，同时为了优化数据的存储，需要将道路用连续的曲线段来表示。

（2）道路连通性

除道路参考线外，高精度地图还应描述道路的连通性，比如路口中没有车道线的部分，需要将所有可能的行驶路径抽象成道路参考线，在高精度地图数据库中体现。

（3）车道模型

除了记录道路参考线、车道边缘（标线）和停车线外，高精度地图数据库还需要记录无车道道路的拓扑结构，且除车道的几何特性外，道路模型还包括车道数、道路坡度、功能属性等。

（4）对象模型

记录道路和车道行驶空间范围边界区域的元素，模型属性包括对象的位置、形状和属性值。这些地图元素包括路牙、护栏、互通式立交桥、隧道、龙门架、交通标志、可变信息标志、轮廓标志、收费站、电线杆、交通灯、墙壁、箭头、文字、符号、警告区、分流区等。

3. 高精度地图的主要功用

高精度地图信息的主要功用包括以下四个方面。

（1）高精度地图在自动驾驶中的作用

高精度地图数据中提供道路甚至车道的曲率值，当车辆转弯时可以根据曲率提前减速，控制传感器甚至大灯转向辅助。高精度地图也提供隧道等详细信息，车辆在进入前可以提前开启大灯或调整传感器感光参数。

高精度地图提供坡度，能够辅助车辆控制油门，节省能源。高精度地图提供各种交通标志和提示信息标牌的精确位置及形状，能够辅助车辆进行高精度定位。

高精度地图的限速信息精确到车道，能够为车辆提供精准的限速信息，智能网联汽车用以精准控制执行器操作。

高精度地图信息在 L4 级自动驾驶的 ODD 应用的分析见表 2-1。

表 2-1　高精度地图信息定义 ODD

名　称	内　容	对自动驾驶的作用
位置信息	经纬度，WGS84，输出 20 Hz	定位车辆在世界坐标系中的绝对横纵向位置、航向角等信息，该信息用于评估车辆当前行驶在道路的何种位置
	水平定位误差	
	海拔，100 m 精度	
	航向	
	横向定位	
	纵向定位	
	置信度	

项目二　车路协同系统组成

续表

名　称	内　容	对自动驾驶的作用
道路信息	道路类型	输出道路类型包括虚线、实线信息，用于变道可行性确认
	限速	用于对车辆纵向速度进行限速控制
	限高	用于对特殊类型车辆在路径规划时进行有效的规划控制
	施工道路	①用于定义对危险情况的提前处理，此时系统不报接管，而是采取换道、减速等措施避免碰撞事故。②用于对该路段排除在 ODD 设计范围外的处理逻辑，对于 L4 级来说，在设计 ODD 范围时，可以直接将施工路段排除在设计运行范围外，这样当车辆驶入施工路段时，直接退出 L4 级自动驾驶控制，并报立即接管
	车道变化	如并道或二叉路，系统需要在接收到相应信号时，提前进行变道控制
	交通灯	在 L4 级自动驾驶设计过程中，如果是应用于城市或城间道路，则必须提前预知交通灯信息，这是很多传感器探测范围内无法及时探测到的
	间断的护栏	该信号用于及时告知系统当前道路处于 ODD 范围外，系统此时降级为辅助驾驶 1 级，ACC 控制车辆纵向，并报横向立即接管
	收费站	用于对该路段排除在 ODD 设计范围外的处理逻辑，对于 L4 级来说，在设计 ODD 范围时，可以直接将收费站前一定距离排除在设计运行范围外，这样当车辆即将驶入收费站时，直接退出 L4 级自动驾驶控制，并报立即接管，此时系统也可直接控制减速行驶至收费站范围内停车
	车道数	该信息一般不用，不过在特殊导航下匝道时，车道数用于判定当前车辆驾驶过程中下匝道时，需要变道的车道数量
	道路边沿	用于辅助本车进行对中控制

名　称	内　容	对自动驾驶的作用
车道信息	车道类型	用于对变道、限速可行性的控制判断，如应急车道不允许自动变道，匝道需要提前限速等
	车道编号	与车道数作用一致，两者配合使用
	车道线	车道线一般是以回旋曲线方程表示，用于系统根据其进行车辆对中及换道控制
	车道线类型	用于对换道可行性进行判断，如虚线允许变道，实线不许变道
	车道宽度	用于对车辆对中或换道进行可行性判断
	车道曲率	用于对车辆对中或换道进行可行性判断
	车道纵坡度	用于对车辆纵向加减速进行精准控制，特别是对于定速巡航控制偏差可以起到很好的控制判断作用
	车道横坡	对车辆向心力来说，横向坡度可以辅助进行甩尾控制
	车道限速	用于对对中及换道过程中系统根据本车在车道内的限速信息进行自动限速
车道级导航信息	路径规划数	从高精度地图角度发出的规划目标路径条数
	规划路径	自动驾驶规划的所有路径用于后续运动规划决策控制
	目标车道号	用于导航作用下的换道控制规划
	换道提示	用于在导航路径下提前一定距离对驾驶员是否换道进行提示，自动驾驶系统一般是在该提示后开始进行自动变道
	路径距离	该距离显示了相应规划路径的长度、远近
相对定位位置	横向定位，距离车道线左右距离	用于对车身姿态在本车道内的判定，作用于对中和换道，可实现更为精准的横向偏差控制
	纵向定位，车身原点相对于道路类型变化交界点的距离	该距离保证自动驾驶可以提前在道路类型变化点前做出安全的换道反应，对于自动驾驶换道控制安全性起着决定性作用
	置信度	由于传感器也在同时检测横向及纵向定位结果，置信度可以很好地表示出高精度地图检测的准确性，只有在高置信度的情况下，探测结果才能用于自动驾驶控制

（2）高精度地图的先验感知特征

高精度地图能够辅助汽车超视距感知，当车辆道路环境被其他物体遮挡，或者转弯，或者超出汽车电子设备感知范围时，高精度地图能够帮助车辆对行进方向进行环境感知。

高精度地图能够辅助车辆快速识别道路环境周边固定物体及车道标线。高精度地图能够提高自动驾驶车辆数据处理效率，自动驾驶车辆感知重构周围三维场景时，可以利用高精度地图作为先验知识减小数据处理时的搜索范围。

（3）高精度地图在 V2X 中的作用

V2X 是智能网联汽车在网联化方面的基础。在 V2X 环境中，V2X 系统与高精度地图分工合作，通过路侧基础设施（信号灯、标识牌等路侧单元）与车辆进行通信，车辆能够直接获取道路基础环境信息，并能够利用基础设施进行高精度定位。高精度地图主要用于车道规划和辅助对不能发射信号的基础设施的感知，如路肩、隔离带等。

高精度地图云中心可以通过与基础设施中的道路边缘计算网格进行通信，实现信息的收集与分发。道路边缘计算网格与车辆进行实时通信，车辆从道路边缘计算网格获取道路环境信息，并上报车辆传感器以识别变化的信息，道路边缘计算网格经过初步处理后将数据发送到高精度地图云中心，云中心综合多方证据信息进行处理，提前预测道路环境变化，将可能引起道路交通恶化的预测信息发送给边缘计算网格并通知车辆，车辆可以提前做出决策。

（4）高精度地图对自动驾驶规划的作用

高精度地图能够辅助车辆进行车道级动态路径规划，车辆在拥有高精度定位功能的前提下，在无外部环境干扰的情况下，可以根据高精度地图的车道参考线前进，并到达目的地。现实中道路环境存在各种干扰情况，包括其他车辆、行人等，因此车辆需要更复杂的传感器进行感知决策。

高精度地图具体在车道级规划中的作用：高精度地图能提供有车道中心线，以及车道中心线联通关系，自动驾驶车辆可以在这个数据基础上结合当前位置及前进方向进行有限范围（如 10 km 范围）内准确实时的车道级路径规划，规划结果用于辅助决策单元生成控制指令。

高精度地图具体在辅助决策中的作用：基于高精度地图的车道级动态路径规划和辅

助感知成果，最终都将作为参考信息提供给决策单元，决策单元在已知固定环境、线路和动态目标的基础上通过算法生成控制指令。

（五）GNSS 高精度定位系统

在大多数的车联网应用场景中，通常需要通过多种技术的融合来实现精准定位，包括 GNSS（Global Navigation Satellite System）、无线电（例如蜂窝网、局域网等）以及高精度地图。其中，GNSS 及其差分补偿 RTK（Real-Time Kinematic），是最基本的定位方法。

全球导航卫星系统（GNSS）是在地球表面或近地空间的任何地点为用户提供全天候的三维坐标和速度以及时间信息的空基无线电导航定位系统，包括美国的 GPS、俄罗斯的格洛纳斯卫星导航系统（GLONASS）、欧洲的伽利略系统（GALILEO）和中国的北斗系统（BDS）。

全球导航卫星系统（GNSS）由覆盖全球的多颗卫星组成，可保证地球上任何一点在任何时候都能观测到四颗卫星，以获得观测点的经纬度、高度，为全球导航、定位、定时等功能提供三维的位置、速度等信息。

1. 北斗卫星导航系统（BDS）

北斗卫星导航系统（以下简称北斗系统）是中国着眼于国家安全和经济社会发展需要，自主建设运行的全球卫星导航系统，是为全球用户提供全天候、全天时、高精度的定位、导航和授时服务的国家重要时空基础设施。北斗系统广泛应用于船舶运输、公路运输、铁路运输、海上作业、渔业生产、水文预报、森林防火、环境监测等行业，以及军事、公安、海关等有特殊指挥调度要求的单位。

北斗系统由空间段、地面段和用户段三部分组成。

（1）空间段

北斗三号全球卫星导航系统空间段由 35 颗卫星组成，其中，地球静止轨道卫星（GEO：轨道高度为 35 786 km，轨道倾角为 0°）5 颗、中圆地球轨道卫星（MEO：轨道高度约 21 500 km，轨道倾角为 55°，回归特性为 7 天 13 圈）27 颗、倾斜地球同步轨道卫星（IGSO：高度与 GEO 卫星相同，轨道倾角为 55°）3 颗。5 颗地球静止轨道卫星的固定位置为东经 58.75°、80°、110.5°、140° 和 160°。中圆地球轨道卫星运行在三个轨

道面上，轨道面相隔120°均匀分布。

（2）地面段

北斗系统地面段由主控站、注入站和监测站，以及星间链路运行管理设施组成。主控站用于系统运行管理和控制，接收来自监测站的数据，并对其进行处理，生成卫星导航信息和差分完整性信息，然后将信息传送到注入站进行发送。注入站用于向卫星发送信号、控制和管理卫星，在接收到主站调度后，向卫星发送卫星导航信息和差分完整性信息。监测站用于接收卫星信号并将其发送到主站进行卫星监测，以确定卫星轨道，并为时间同步提供观测。

（3）用户段

用户段包括北斗及兼容其他卫星导航系统的芯片、模块、天线等基础产品，以及终端设备、应用系统与应用服务等。接收器需要捕捉和跟踪卫星的信号，并根据数据以一定的方式进行定位计算，最终获得用户的纬度、经度、海拔、速度、时间等信息。

位置信息（Position）、速度信息（Velocity）和时间信息（Time）是构成北斗信息服务的"三要素"。

位置信息：北斗系统可向全球提供优于10 m的定位服务，亚太地区定位精度达到5 m。北斗系统提供的位置信息服务，输出结果为"经度、纬度、高程"或者"x，y，z"，同时，通过精密单点定位、星基增强、地基增强等方式，可将定位精度提高到米级、分米级乃至厘米级。

速度信息：北斗系统提供的测速精度能力优于0.2 m/s。

时间信息：北斗系统可为用户提供优于20 ns的授时服务，在此基础上利用差分授时、双向比对等技术手段，可进一步提升授时精度。

北斗系统用户终端系统最多可容纳54万/小时的用户，具有双向消息通信功能。

北斗系统工作频率：2 491.75 MHz。

2. 全球导航卫星定位基本原理

GNSS定位主要需解决两个问题：一是观测瞬间卫星的空间位置，二是测量站点卫星之间的距离。空间位置即GNSS卫星在某坐标系中的坐标，为此首先要建立适当的坐标系来表征卫星的参考位置，而坐标又往往与时间联系在一起，因此，定位是基于坐标系统和时间系统来进行的。

定位就是利用至少 4 颗卫星去解决位置、时间、速度这三个参数，其中最常用的是位置。

在二维平面，一个固定点用已知的半径长确定一个圆，两个固定点用已知的半径确定两个点，用户就在其中一个点上。将这个原理映射到三维，两个球相交确定一个圆，三个球相交确定两个点。三角测量法定位基本原理如图 2-18 所示，分别以三个卫星的位置为圆心，三个卫星据地面某点距离为半径作球面，用户必然处在两个点的其中一个上，将远离地球的点舍弃，另一个点就是用户的位置。

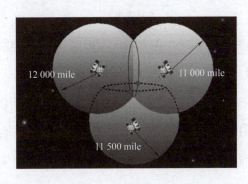

注：1 mile ≈ 1 609 m。

图 2-18　三角定位基本原理

设地面点 P 到卫星 i 的距离为 S_i，地心圆点 O 到卫星 i 的距离为 S_O，地心圆点 O 到地面点 P 的距离为 S_P，如图 2-19 所示，如果卫星钟和地面钟不存在任何时差，说明此时伪距观测量代表了 P 点与卫星之间的真实距离 S_i，其值为

$$S_i = c(t_i - t_j) - c\tau \tag{1}$$

式中，c 为光速；t_i 为地面接收机已同步的观测时刻；t_j 为卫星已同步的发射时刻；τ 为传播途径中的附加时延。

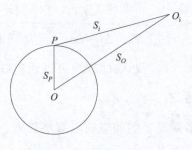

图 2-19　距离 S_i、S_O、S_P

实际上卫星钟和地面钟存在一定的时差，所以实际测量的并非真实距离，而是伪距，即

$$\rho_{Pi} = c(t_{Pi} - t_{Pj}) \qquad (2)$$

式中，ρ_{Pi} 为地面点 P 到卫星 i 的伪距；t_{Pi} 为含有时钟差的地面站接收时刻；t_{Pj} 为含有时钟差的卫星发射时刻。

实际上接收时，地面站接收机的接收时刻要与 GPS 时间同步。这样，时钟差为两个微小量 Δt_i 和 Δt_j，即

$$t_{Pi} = t_i + \Delta t_i \qquad (3)$$

$$t_{Pj} = t_j + \Delta t_j \qquad (4)$$

$$\rho_{Pi} = c(t_i - t_j) + c(\Delta t_i - \Delta t_j) = S_i + c\tau + c(\Delta t_i - \Delta t_j) \qquad (5)$$

当接收机对卫星信号跟踪锁定后，可以从接收信号中提取，从而得到导航电文和伪距观测量。导航电文一般分为电离层修正数、卫星钟改正数和卫星星历参数三部分。经过进一步对卫星星历参数的统计计算，可求出发射时刻卫星在地心坐标系中的三维坐标值 X_i、Y_i 和 Z_i。关于卫星时钟差的修正，利用卫星钟改正数依据式（6）给以适当的调整。

$$\Delta t_j = \alpha_0 + \alpha_1(t - t_0) + \alpha_2(t - t_0)^2 \qquad (6)$$

$$t = t_{Pj} - \Delta t_j \qquad (7)$$

式中，t 为观测时间；t_0 为卫星钟基准时间。

设 P 点的地心坐标为 X_P、Y_P、Z_P，则 P 点至卫星 i 的实际距离为

$$S_i = \sqrt{(X_i - X_P)^2 + (Y_i - Y_P)^2 + (Z_i - Z_P)^2} \qquad (8)$$

将式（8）代入式（5）得

$$\rho_{Pi} = \sqrt{(X_i - X_P)^2 + (Y_i - Y_P)^2 + (Z_i - Z_P)^2} + c\tau + c(\Delta t_i - \Delta t_j) \qquad (9)$$

在式（9）中，τ 为大气修正，可参考空间大气模型进行修正。这时，式（6）~式（9）中只有 4 个未知量，X_P、Y_P、Z_P、$\Delta t_i - \Delta t_j$。需要同时观测 4 颗卫星，可以得到式（6）~式（9）的 4 个方程，这些非线性方程可以通过线性化方法或者卡尔曼滤波技术进行求解，得到 P 点的坐标 X_P、Y_P、Z_P。

实际卫星定位中存在许多误差，例如空间电离层误差、时钟误差、位置误差、地球潮汐误差等，影响定位精度。

对于解决时钟误差，每颗卫星上有精密的原子钟工作，GPS 接收机使用普通石英钟。接收机接收多颗卫星的时间信号并计算自身误差，将自身时钟调校到统一的时间值，此即精准时间戳。

采用差分定位，可以消除空间电离层误差、位置误差、地球潮汐误差等，实现精准定位。

差分全球导航定位系统（DGPS）利用差分技术使用户从 GPS 系统中获得更高的精度。DGPS 系统由基准站、数据传输设备和移动站组成，如图 2-20 所示。

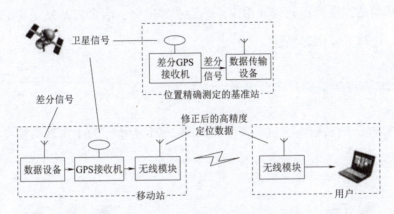

图 2-20　差分全球导航定位系统示意图

基准站的位置已经精确测定，基准站上的接收机通过接收 GPS 信号，将测得的位置与该固定位置的真实位置坐标的差值作为公共误差校正量，再通过无线数据传输设备将该校正量传送给移动站的接收机。移动站的接收机利用该校正量对本地位置进行校正，最后得到厘米级定位精度。

根据基准站发送信息的方式将 DGPS 定位分为三类：位置差分、伪距差分、相位差分。

位置差分要求基准站和移动站相距 100 km 以内，并且观测同一组卫星。安装在基准站的 GPS 接收机观测 4 颗卫星后即可进行三维定位，解算出基准站的观测坐标。将已知坐标与观测坐标之差作为位置改正数，通过基准站的数据传输设备发送出去，移动站接收并对其解算的移动站坐标进行改正。得到的改正后的移动坐标已经消除了基准站和移动站的共同误差。

利用基准站已知坐标和卫星星历可计算出基准站与卫星之间的计算距离，将计算距离与观测距离之差作为改正数，发送给移动站，移动站利用此改正数来修正测量的伪距，最后，用户利用修正后的伪距来解出自身位置，这可消除公共误差，提高定位精度。

GNSS 位置差分和伪距差分技术在车路协同领域还远远不能满足进度需求，因而促进发展出更加精确的 GNSS 差分技术即载波相位差分技术，也称为实时动态差分技术（RTK）。进行 RTK 定位时，卫星的载波相位和来自基准站的载波相位，组成相位差分观测值并进行实时处理，即可实时给出厘米级的定位结果。

实现 RTK 的方法有修正法和差分法。前者与伪距差分相同，基准站将载波相位修正量发送给移动站，以改正其载波相位，然后求解坐标；后者将基站采集的载波相位发送给移动站，进行求差解算坐标。

3. GNSS 地基增强高精度定位系统

基于 RTK 算法的高精度定位实现原理如图 2-21 所示。为了实现高精度定位，一套 GNSS 地基增强高精度定位系统，至少包括 3 个部分。

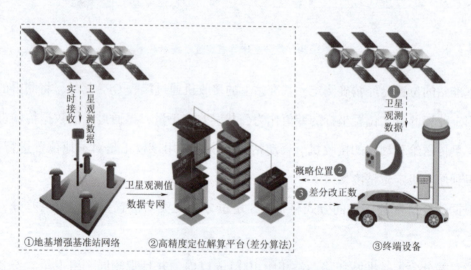

图 2-21　GNSS 地基增强高精度定位实现原理示意图

①地基增强基准站网络：将部署在各地的 CORS（Continuously Operating Reference Stations，不间断操作参考站）站点通过移动通信网络连接起来而组成的网络。地基增强基准站网络实时接收 GNSS 卫星观测数据。

②高精度定位平台：又称为高精度定位解算平台，根据终端侧提供的概略位置信息，接收、分析及监控地基参考站的数据进行差分校正与计算，然后反馈差分数据。

③终端设备：需要获取定位服务的对象，比如 TBOX、模组、定位芯片等，利用差分数据，辅助用户提供更为精确的定位结果，进而实现高精度定位。

（1）高精度定位服务业务流程及数据解读

在整个高精度定位服务的实现过程中，主要是 3 个模块在不断地进行迭代跟进，如图 2-22 所示为基于 RTK 算法的高精度定位服务流程示意图。

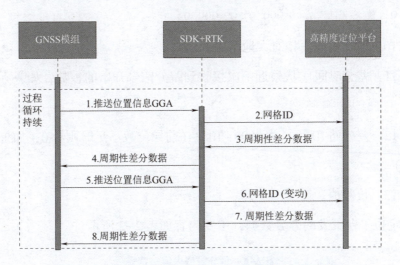

图 2-22　基于 RTK 算法的高精度定位服务流程示意图

业务流程描述如下：

①GNSS 模组将粗略的原始位置信息以 GGA 的形式，发送给 SDK 模块。

②跟进 GGA 数据，SDK 模块通过提取经纬度等基础信息，计算出终端当前所在的网格 ID，向高精度定位平台发送网格 ID。

③高精度定位平台根据网格 ID，周期性地反馈差分数据。

需要说明的是，RTK 算法一般嵌入在 SDK 模块里，两者可以打包成为一个软件。

GGA 是 NMEA0183 中的一种数据格式，由 14 个字段组成，各个字段的含义如下：

①字段 0：＄GPGGA，语句 ID，表明该语句为 Global Positioning System Fix Data（GGA）GPS 定位信息。

②字段 1：UTC 时间，hhmmss.sss，时分秒格式。

③字段 2：纬度 ddmm.mmmm，度分格式（前导位数不足时则补 0）。

④字段 3：纬度 N（北纬）或 S（南纬）。

⑤字段 4：经度 dddmm.mmmm，度分格式（前导位数不足时则补 0）。

项目二　车路协同系统组成

⑥字段5：经度 E（东经）或 W（西经）。

⑦字段6：GPS 状态，0＝未定位，1＝单点定位，2＝伪距/SBAS，3＝无效 PPS，4＝RTK 固定，5＝RTK 浮动，6＝正在估算，7＝手动启动基准站，8＝RTK 宽巷解，9＝伪距。

⑧字段7：正在使用的卫星数量（00~12）（前导位数不足时则补0）。

⑨字段8：HDOP 水平精度因子（0.5~99.9）。

⑩字段9：海拔高度（-9 999.9~99 999.9）。

⑪字段10：地球椭球面相对大地水准面的高度。

⑫字段11：差分时间（从最近一次接收到差分信号开始的秒数，如果不是差分定位将为空）。

⑬字段12：差分站 ID 号，为0000~1023（前导位数不足时则补0，如果不是差分定位则将为空）。

⑭字段13：校验值。

高精度定位平台下发的差分数据，主要内容如表2-2所示。

表2-2　差分数据内容一览表

序号	信号名称/性能指标	信号单位	需求描述
1	UTC 时间	ms	
2	有效标志	—	
3	估计的时间精度	ns	
4	定位状态	—	可以准确反映当前 GNSS 状态（如单点、差分等状态）
5	当前定位使用的卫星数	颗	≥4
6	经度	(°)	综合工况定位精度<0.5 m（2σ）（可按照空旷场景和半空旷场景来反馈可达精度目标）
7	维度	(°)	
8	地球椭圆体以上的高度	m	
9	北东地速度—北	mm/s	综合工况定位精度<0.2 m/s
10	北东地速度—东	mm/s	
11	北东地速度—地	mm/s	
12	运动航向（2D）	rad	综合工况定位精度<1°（2σ）

序号	信号名称/性能指标	信号单位	需求描述
13	估计的水平精度	mm	可以准确反映当前 GNSS 状态水平位置精度、垂直位置精度、速度精度和航向精度。变量的变化趋势与对应的位置/速度/航向误差呈正比
14	估计的垂直精度	mm	
15	估计的速度精度	mm/s	
16	估计的航向精度	rad	
17	数据更新频率	Hz	5 Hz/10 Hz

（2）高精度定位平台

高精度定位平台主要是对外提供解算后的差分数据，平台采用微服务架构设计和层次化管理，IaaS、PaaS、SaaS 分别部署，业务模块分层解耦。同时，高精度定位平台服务部署在两个数据机房，都可对外提供高精度定位服务数据，确保业务稳定运行。如图 2-23 所示为高精度定位平台功能模块示意图。

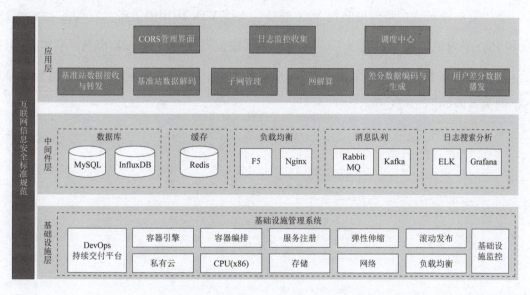

图 2-23　高精度定位平台功能模块示意图

（六）RSU 基本功能与关系网

1. RSU 关系网

车载端传感器主要存在两个问题：一是感知盲区，如无法感知车前方 500 m 外交通事故，留给驾驶员的反应时间较少；二是为保证感知效果需安装多个车载传感器，导致成本相对较高。路侧传感器（RSU）如图 2-24 所示，可弥补车载传感器的不足。

图 2-24　大唐高鸿智能路侧设备 RSU

RSU 是一种安装在路侧可实现 V2X 通信、支持 V2X 应用的设备。它具备 LTE-V2X Uu 和 PC5 双模通信能力，内嵌 C-ITS 应用协议栈，可支持多种 V2X 消息；它可自动连接车路协同系统平台，可实现复杂的 V2X 业务逻辑，以及自动化的远程控制与管理。RSU 的关系网如图 2-25 所示。

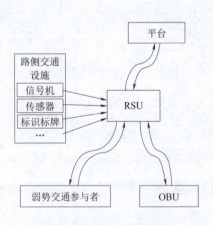

图 2-25　RSU 的关系网

RSU 支持路侧交通设施（信号机、传感器、标识标牌等）数据的收集，支持通过 Uu 或光纤与平台进行信息交互，支持通过 PC5 与 OBU、弱势交通参与者进行 V2X 通信。

RSU 支持红绿灯信息推送、道路危险状况提醒、限速提醒、绿波车速引导、车内标牌、前方拥堵提醒应用场景。

RSU 通过 PC5 接口接收 V2X 消息时，RSU 被部署为 UE 和 V2X 应用的逻辑组合，称为 UE 型 RSU；RSU 通过 LTE-Uu 接口接收 V2X 消息，称为 eNB 型 RSU。

2. RSU 的基本功能

中国移动《5G 联合创新中心创新研究报告——下一代车联网创新研究报告（2019 年）》定义了 RSU 的基本功能。

（1）业务功能

①RSU 支持数据收集，包括路侧交通设备数据收集、通过 PC5 监听车辆数据和弱势交通参与者数据、通过 Uu 或光纤接收平台下发数据和 RTK 载波相位数据等。

②RSU 支持数据发送，包括通过 Uu 或光纤向平台上报数据、通过 PC5 广播从平台接收数据、高精度地图数据的推送和 RTK 载波相位信息的转发等，支持消息的加密与解析。

③RSU 支持协议转换，将获取的路侧交通设施数据转换为国标协议。

④RSU 支持消息重发，当消息发送失败时，支持自动重发机制。

⑤RSU 支持消息按优先级排队，并按照优先级来发送和接收消息。

⑥RSU 支持消息存储转发，至少支持 100 个处于转发起始时间和转发结束时间之间的有效存储转发数据文件。

⑦RSU 支持消息立即转发，包括消息内容和处理规则等。

⑧RSU 支持数据和设备参数防篡改。

（2）管理功能

①RSU 支持主动向平台发起身份认证以及业务权限的获取。

②RSU 支持远程和本地两种参数配置方式，包括输出功率、平台地址、设备编号等。

③RSU 支持接入 85~264 V AC 市电电源、24 V/48 V DC 电源、以太网线（POE）供电。以太网供电满足 802.3at 标准。

④RSU 支持实时监控和自动重启，支持状态监测、实时状态上报和状态指示，包括运行状态和网络状态。

⑤RSU 支持时钟同步，包括 GPS/BEIDOU 时钟同步、基站时钟同步和混合时钟同步。

⑥RSU 支持 GPS/BEIDOU 定位，并支持自身 GPS 位置信息上报到平台。

⑦RSU 支持平台对其运维管理、平台推送更新升级及权限管理。

⑧RSU 需出厂时带 IMEI 号等身份标识，支持中国移动对产品的统一编码规范。

⑨RSU 支持异常断电，数据自动保存。

（3）硬件能力

①RSU 支持"Uu+PC5"双模通信，支持以太网口和光纤通信，支持 GPS/BEIDOU 定位与授时功能，支持 USB、UART 等数据和调试接口。

②RSU 支持状态灯指示和硬重启功能。

（4）软件能力

①RSU 软件支持 OpenLinux 系统，支持 Open CPU SDK，运行环境温度应支持−45~85 ℃。

②RSU 支持系统日志的分级保存与断电不丢失，并支持日志的获取，便于故障分析。

三、任务实施

任务名称：车路协同路测感知定位设备			
姓名：		班级：	学号：
任务描述	请你结合某种车路协同路测感知定位设备，就其配置的摄像头、激光雷达、毫米波雷达、高精度地图与定位模块、RSU 模块等设备及有关重要概念，搜集资料并分析，正确理解、说明各种设备的基本功能、结构、性能指标、信息交互等，在学习小组或班级里讨论、共享		
能力目标	能够正确理解并清晰地说明某种车路协同路测感知定位设备配置的摄像头、激光雷达、毫米波雷达、高精度地图与定位模块、RSU 模块等的基本功能、结构、性能指标、信息交互等。 能够搜集、分析有关车路协同路测感知定位设备产品的信息资料		
实施准备	相关的文献、资料、数据； 汇报用视频设备、纸、笔		

实施步骤	自主学习	学习相关知识； 获取相关信息； 撰写汇报、讨论提纲； 制作汇报、讨论 PPT
	小组讨论	以学习小组为单位，进行研讨、分析，形成小组汇报；成果：提纲、PPT
	小组汇报	汇报小组成果
自我反思		

任务二

车路协同云控系统

一、任务信息

任务二　车路协同云控系统			
学时	4 学时	班级	
成绩		日期	
姓名		教师签名	
案例导入	老张师傅今天开车行驶 300 多千米，感到有些疲倦。车辆开到地下车库进入车位后，老张师傅锁车、带上车里的东西离开车位，来到电梯口乘坐电梯回到 26 层自己的家中。正在吃饭时，他忽然意识到：记不清车门到底锁没锁？天窗是否关闭了？后车门玻璃是否升起了？也许锁上了？老张师傅因疲倦不愿再下楼到车位确认，但又放心不下。最后，吃完饭后，他又下楼到车位确认，果然天窗没关闭。关闭天窗后又检查了一遍门锁、车门玻璃，才拖着疲惫的双腿，返回家中。 　　请你利用车路协同技术的思路，帮老张师傅解决问题，即： ①能否远程查看车辆状况？ ②能否远程控制车辆的一些功能		
任务目标	知识	①掌握云控平台的基本功能； ②熟悉云控平台的基本组成； ③掌握边缘云与单车的交互； ④掌握边缘云及 RSU 与单车的交互； ⑤掌握边缘云与多车的协同交互； ⑥掌握边缘云及 RSU 与多车的协同交互	
	技能	能够利用关键词搜索云平台、边缘云系统的技术资料，阅读并简要分析。 能够分析云平台、边缘云系统的基本功能、基本组成	
	素养	培养自学能力； 培养团队合作意识； 培养技术创新意识	

二、知识解析

（一）云控平台

1. 云计算的定义

云计算在以 ISO/IEC JTC1 和 ITU-T 组成的联合工作组制定的国际标准 ISO/IEC 17788《云计算词汇与概述》（Information Technology-Cloud Computing-Overview and Vocabulary）DIS 版中的定义为：云计算是一种将可伸缩、弹性、共享的物理和虚拟资源池以按需自服务的方式供应和管理，并提供给网络访问的模式。云计算模式由关键特征、云计算角色和活动、云能力类型和云服务分类、云部署模型、云计算共同关注点组成。

云计算的关键特征为：

①广泛的网络接入，即可通过网络，采用标准机制访问物理和虚拟资源的特性。这里的标准机制有助于通过异构用户平台使用资源。这个关键特性强调云计算使用户更方便地访问物理和虚拟资源：用户可以从任何网络覆盖的地方，使用各种客户端设备，包括移动电话、平板、笔记本和工作站访问资源。

②可测量的服务，即通过可计量的服务交付使得服务使用情况具有可监控、控制、汇报和计费的特性。通过该特性，可优化并验证已交付的云服务。这个关键特性强调客户只需对使用的资源付费。从客户的角度看，云计算为用户带来了价值，将用户从低效率和低资产利用率的业务模式转变到高效率模式。

③多租户，即通过对物理或虚拟资源的分配保证多个租户以及他们的计算和数据彼此隔离和不可访问的特性。在典型的多租户环境下，组成租户的一组云服务用户同时也属于一个云服务客户组织。在某些情况下，尤其在公有云和社区云部署模型下，一组云服务用户由来自不同客户的用户组成。一个云服务客户组织和一个云服务提供者之间也可能存在多个不同的租赁关系。这些不同的租赁关系代表云服务客户组织内的不同小组。

④按需自服务，即云服务客户能根据需要自动，或通过与云服务提供者的最少交

互，配置计算能力的特性。这个关键特性强调云计算为用户降低了时间成本和操作成本，因为该特性赋予了用户无须额外的人工交互，就能够在需要的时候做需要做的事情的能力。

⑤快速的弹性和可扩展性，即物理或虚拟资源能够快速、弹性，有时是自动化地供应，以达到快速增减资源目的的特性。对云服务客户来说，可供应的物理或虚拟资源无限多，可在任何时间购买任何数量的资源，购买量仅受服务协议的限制。

⑥资源池化，即将云服务提供者的物理或虚拟资源进行集成，以便服务于一个或多个云服务客户的特性。这个关键特性强调云服务提供者既能支持多租户，又抽象地对客户屏蔽了处理的复杂性。资源池化将原本属于客户的部分工作，例如维护工作，移交给了提供者。

云计算有四类典型的部署模式，即公有云、私有云、社区云和混合云，具体描述如下。

①公有云。云基础设施对公众或某个很大的业界群组提供云服务。

②私有云。云基础设施特定为某个组织运行服务，可以由该组织或某个第三方负责管理，可以是场内服务（on-premises），也可以是场外服务（off-premises）。

③社区云。云基础设施由若干个组织分享，以支持某个特定的社区。社区是指有共同诉求和追求的团体（例如使命、安全要求、政策或合规性考虑等）。和私有云类似，社区云可以由该组织或某个第三方负责管理，可以是场内服务，也可以是场外服务。

④混合云。云基础设施由两个或多个云（私有云、社区云或公有云）组成，独立存在，但是通过标准的或私有的技术绑定在一起，这些技术可促成数据和应用的可移植性［例如用于云之间负载分担的云爆发（Cloud Bursting）技术］。

2. 云控平台的基本功能

车路协同系统应用平台将是车联网产业生态体系的核心，可实现全面的数据接入、存储分析、协议开放、赋能服务等功能。

目前，产业界已经基本形成"路侧—区域—中心"多层级平台架构的基本共识。路侧平台主要负责汇聚小范围内的路边单元、路侧感知设备、交通管理设备等，对原始数据进行分析处理、提供小范围应用服务，并形成结构化数据上传区域或中心平台。区域和中心平台作为更上层的服务节点，可实现多个路侧平台、行业平台、车企平台的多源数据汇聚融合，并在此基础上提供更全面的数据开放服务和更宏观的车联网应用服务。在多层级平台架构中，平台层级越高，数据范围越大，服务类型越多；平台层级越低，服务粒度越细，服务精度越高。不同层级的平台间通过边云协同实现联动，根据各类车联网应用场景的需求提供合适的服务质量。

一个中等城市汽车保有量为 200 万辆左右，V2X 平台每秒需要处理千万级的数据，单条业务数据处理时延要求在 20~100 ms 范围内，这对数据接入、数据计算、数据存储、数据推送、数据安全都带来极大的挑战，传统的"中心平台—终端"架构无法满足 V2X 业务的需求，由此，引入 V2X 多级平台系统架构，平台各级能力可根据 V2X 业务对时延、数据计算量、部署等方面的需求，分层提供不同的服务能力。

V2X 中心平台提供终端管理、用户管理、计费管理、业务管理、安全管控功能，具有全局管理功能、全局数据分析功能、跨区域业务和数据调度功能等。

V2X 区域平台提供区域终端数据接入、区域交通数据汇聚、区域交通数据分析、边缘节点资源调度等功能，并为第三方应用厂商提供应用托管、区域数据分析基础平台、交通信息开放能力，以支撑区域 V2X 业务。

V2X 边缘节点提供车辆终端实时接入、路侧传感数据融合计算、分析及边缘侧应用托管等功能，同时，支持边缘节点间数据同步、计算协同、业务连续性保持等能力，以满足 V2X 边缘侧业务需求。

依据对 V2X 多级平台各层级功能的分析，V2X 多级平台应具备海量数据高并发统一接入、实时计算转发、大数据分析、高性能数据存储与开放、多级协同、应用托管与安全认证等基础能力。

统一接入：提供多种车联网终端数据高并发的统一接入、鉴权、业务分发、消息下发等功能。

实时计算转发：提供车辆终端基础业务计算（基础 V2I、V2N 业务）、广播消息下发等主要功能，实时处理性能要求，单条业务数据端到端处理时延小于 100 ms。

大数据分析：提供数据分析基础服务平台，集成车联网基础智能算法、机器学习基础算法等，并提供第三方算法部署和大规模分布式计算的能力。

数据存储与开放：提供高实时、大并发数据存储能力，包括车辆终端、RSU、交通管理数据等，用于数据运营。同时，对 V2X 数据进行去隐私化、分类整理后，向第三方车联网应用，如车企 TSP、图商平台、互联网公司等，提供大数据开放能力。

多级协同：提供 V2X 多级平台各层级间协同管理、数据交互等功能，具体包括各级平台的数据同步、协同计算、应用分级部署、多级路由、资源调度等。

应用托管：提供 V2X 应用基础运行环境，具备应用注册/发布/注销、应用部署（自有/第三方）、资源动态分配、租户隔离等功能。

安全认证：提供 V2X 多级平台安全管控能力，具体包括终端认证、证书管理、漏洞扫描、流量监控、进程监控、安全设置等。

3. 云控平台的基本组成

中国智能汽车技术研究致力于打造智能汽车创新发展的中国方案。

发展智能网联汽车需五大基础平台，如图 2-26 所示，包括云控基础平台、高精度动态地图基础平台、车载终端基础平台、计算基础平台、信息安全基础平台。

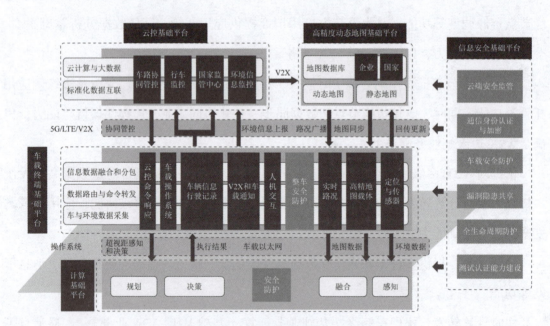

图 2-26　智能网联汽车技术五大基础平台

（1）云控基础平台

已开展基于智能网联汽车平台的"车路网云一体化"综合示范项目，打造一体化云控环境与融合感知、决策与控制系统。

（2）高精度动态地图基础平台

聚焦智能网联汽车的车、路、云、管、图等相关要素，汇聚技术链、产业链优质创新资源，突破共性关键核心技术，推动相关政策、法规、标准的建立和完善。

（3）车载终端基础平台

面向行业对车载操作系统的需求和产业安全的需要，组织行业已有优质资源，共同建立智能终端 OS 基础平台，实现自主可控、满足产业安全的智能终端 OS 产品开发和应用生态环境的建设。

（4）计算基础平台

组织行业资源，联合开发以自动驾驶 OS 为核心的计算基础平台，协同行业已有优势资源，共同开发自主可控的自动驾驶操作系统，推进产业化平台公司组建，建立智能网联汽车"驾驶脑"的产业生态。

（5）信息安全基础平台

应用端—管—云信息安全防护技术、自主可控的车载密码技术、安全漏洞智能检测技术等共性技术，构建智能网联汽车的车载纵深防御安全架构和端管云纵深防御体系。

（二）边缘云

1. 边缘云（MEC）的概念

随着 5G、物联网时代的到来，以及云计算应用的逐渐增加，集中式的云已经无法满足终端侧"大连接，低时延，大带宽"的云资源需求，云计算将必然发展到下一个技术阶段，就是将云计算的能力拓展至距离终端更近的边缘侧，并通过云边端的统一管控实现云计算服务的下沉，提供端到端的云服务，边缘云计算的概念也随之产生。

边缘云计算，简称边缘云，是基于云计算技术的核心和边缘计算的能力，构筑在边缘基础设施之上的云计算平台。边缘云是形成边缘位置的计算、网络、存储、安全等能力全面的弹性云平台，并与中心云和物联网终端形成"云、边、端三体协同"的端到端的技术架构，通过将网络转发、存储、计算及智能化数据分析等工作放在边缘处理，降低响应时延、减轻云端压力、降低带宽成本，并提供全网调度、算力分发等云服务。

如图 2-27 所示为边缘云计算示意图。边缘云作为中心云的延伸，将云的部分服务

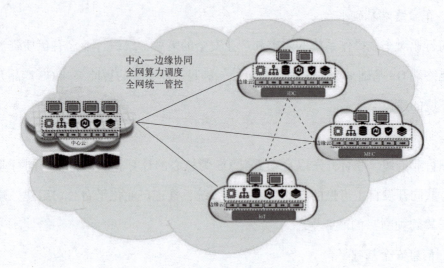

或者能力（包括但不限于存储、计算、网络、AI、大数据、安全等）扩展到边缘基础设施之上。中心云和边缘云相互配合，实现中心—边缘协同、全网算力调度、全网统一管控等能力。

图 2-27　边缘云计算示意图

边缘云计算本质上是基于云计算技术，为"万物互联"的终端提供低时延、自组织、可定义、可调度、高安全、标准开放的分布式云服务。

边缘云可以最大程度上与中心云采用统一架构、统一接口、统一管理，这样能够最大程度地降低用户开发和运维成本，真正实现云计算的范畴拓展。

边缘云计算服务应具备以下特点：

①全覆盖：提供各种覆盖场景的一站式边缘计算服务和敏捷交付能力。

②弹性伸缩：按需购买，按量付费，实现业务的弹性伸缩需求，节省了自建所需的供应链管理、建设及资金投入成本。

③开放灵活：提供标准开放的边缘云计算平台，可方便与中心云系统对接，按业务需求灵活部署各类应用。

④安全稳定：利用云计算核心技术积累构建安全稳定的边缘云计算核心系统。

在使用边缘云计算服务之后，用户可以进一步扩展自身的应用，获得以下收益：

①降低时延：边缘云计算服务可以提供 5 ms 以下的终端访问时延。

②业务本地化：采用云边端三体协同架构后，大量的处理响应在本地发生，终端到云的访问频次将减少 80% 以上。

③降低成本：引入边缘云计算后，计算、存储、网络等成本可以节省 30% 以上。

④敏捷交付：采用边缘云计算服务后，可以获得"敏捷交付"的能力。

⑤高安全性：具备与传统云服务一体化的高安全能力，包括 DDoS（Distributed Deny of Service，分布式拒绝服务攻击）清洗和黑洞防护能力、多租户隔离、异常流量自动检测和清洗、中心—边缘安全管控通道等。

⑥开放易用：包括开放的运行环境、灵活部署各类云服务和应用、在线远程管理、运行指标可视化监控等。

综上所述，边缘云计算具备网络低时延、支持海量数据访问、弹性基础设施等特点。同时，空间距离的缩短带来的好处不只是缩短了传输时延，还减少了复杂网络中各种路由转发和网络设备处理的时延。此外，由于网络链路争抢的概率减小，能够明显降低整体时延。边缘云计算给云中心增加了分布式能力，在边缘侧部署部分业务逻辑并完成相关的数据处理，可以缓解将数据传回中心云的压力。边缘云计算还能够提供基于边缘位置的计算、网络、存储等弹性虚拟化的能力，并能够真正实现"云边协同"。

边缘云可以借助 Uu 接口或 PC5 接口支持实现"人—车—路—云"协同交互，可以降低端到端数据传输时延，缓解终端或 RSU 的计算与存储压力，减少海量数据回传造成的网络负荷，提供具备本地特色的高质量服务。

2. 边缘云与单车交互

通过单车与边缘云进行交互即可实现本地信息分发、动态高精度地图、车载信息增强、车辆在线诊断等功能。

（1）本地信息分发

边缘云作为内容分发的边缘节点，实现在线分发和流量卸载的功能。可为车辆提供音视频等多媒体休闲娱乐信息服务、区域性商旅餐饮等信息服务，或提供软件/固件升级等服务。

（2）动态高精度地图

边缘云可以存储动态高精度地图，向车辆分发高精度地图信息，减少时延并降低对核心网传输带宽的压力。在应用中，车辆向边缘云发送自身具体位置以及目标地理区域信息，部署在边缘云的地图服务提取相应区域的高精度地图信息发送给车辆。当车辆传

感器检测到现实路况与高精度地图存在偏差时，可将自身传感信息上传至边缘云，用于对地图进行更新，随后边缘云的地图服务可选择将更新后的高精度地图回传至中心云平台。

（3）车载信息增强

边缘云提供车载信息增强功能，车辆可将车载传感设备感知的视频/雷达信号等上传至边缘云，边缘云通过车载信息增强功能提供的视频分析、感知融合、AR 合成等多种应用实现信息增强，并将结果下发至车辆进行直观显示。

（4）车辆在线诊断

边缘云可支持自动驾驶在线诊断功能。当车辆处于自动驾驶状态时，可将其状态、决策等信息上传至边缘云，利用在线诊断功能对实时数据样本进行监控分析，用于试验、测试、评估或应对紧急情况处理。同时边缘云可定期将样本及诊断结果汇总、压缩后回传中心云平台。

3. 边缘云及 RSU 与单车交互

（1）危险驾驶提醒

边缘云部署了危险驾驶提醒功能后，可结合 RSU，通过车牌识别等功能分析车辆进入高速的时间，定期为车辆提供疲劳驾驶提醒；或在夜间通过视频分析，提醒车辆正确使用灯光；或在感知到突发车辆事故时，提醒附近车辆谨慎驾驶；或在天气传感器感知到高温"镜面效应"、雨雪大雾等恶劣天气时，提醒车辆安全驾驶。此外，边缘云可阶段性地将危险驾驶信息汇总后上传中心云平台。

（2）车辆违章预警

边缘云部署了车辆违章预警功能后，可结合 RSU，通过视频识别、雷达信号分析等应用实现车牌识别，并对超速、逆行、长期占据应急车道等违章行为进行判定，并将违章预警信息下发对应车辆，提醒车辆遵守交通规则行驶。此外，边缘云可阶段性地将违章信息汇总后上传中心云平台。

4. 边缘云与多车协同交互

（1）V2V 信息转发

边缘云部署了 V2X 信息转发功能后，可作为桥接节点，以 V2N2V 的方式实现车与车之间的通信，实时交流车辆位置、速度、方向及刹车、开启双闪等车辆状态信息，提升道路安全。在此场景中，车辆无须装备 PC5 通信模组，可通过 Uu 接口将车辆状态信息发送至边缘云，并接收边缘云下发的其他车辆信息。边缘云应提供超低时延的信息传输功能。

（2）车辆感知共享

边缘云具备车辆感知共享功能，可将具备环境感知车辆的感知结果转发至周围其他车辆，用于扩展其他车辆的感知范围。也可以用于"See-Through"场景，即当前车遮挡后车视野时，前车对前方路况进行视频监控并将视频实时传输至边缘云，边缘云的车辆感知共享功能对收到的视频进行实时转发至后方车辆。

5. 边缘云及 RSU 与多车协同交互

（1）匝道合流辅助

边缘云部署了匝道合流辅助功能后，在匝道合流汇入点部署监测装置（如摄像机）对主路车辆和匝道车辆同时进行监测，并将监测信息实时传输到边缘云，同时相关车辆也可以将车辆状态信息发送至边缘云，边缘云的匝道合流辅助功能利用视频分析、信息综合、路况预测等应用功能，对车、人、障碍物等的位置、速度、方向角等进行分析和预测，并将合流点动态环境分析结果实时发送至相关车辆。

（2）智慧交叉路口

边缘云部署了智慧交叉路口功能，交叉路口处的路侧智能传感器（如摄像机、雷达等）将路口处探测的信息发送至边缘云，同时相关车辆也可以将车辆状态信息发送至边缘云。边缘云的智慧交叉路口功能通过信号处理、视频识别、信息综合等应用功能对交叉路口周边内的车辆、行人等的位置、速度和方向角等进行分析和预测，并将分析结果实时发送至相关车辆。

（3）大范围协同调度

边缘云部署了大范围协同调度功能，可在重点路段、大型收费口处借助视频传感信息，通过边缘云进行路况分析和统一调度，实现一定范围内大规模车辆协同、车辆编队行驶等功能，或在城市级导航中，边缘云根据区域车辆密度、道路拥堵严重程度、拥堵节点位置以及车辆目标位置等信息，利用路径优化的算法对车辆开展导航调度，避免拥

堵进一步恶化。

（内容源于《MEC 与 C-V2X 融合应用场景白皮书》，IMT-2020（5G）推进组，2019 年 1 月）

三、任务实施

任务名称：车路协同云控系统		
姓名：	班级：	学号：
任务描述	云控系统可以实现"人—车—路—云"系统协同的控制，不仅为单车决策提供有效信息，还可在车路协同基础上通过全域控制实现对所有交通参与者的全路段、全天候、全场景的自主控制。 　　请你就"车路协同云控系统的云控平台、边缘云"及有关重要概念，搜集资料并分析，结合车路协同系统实训沙盘，正确理解、说明云控平台、边缘云的基本功能、组成、信息交互，在学习小组或班级里讨论、共享	
能力目标	能够正确理解、清晰地说明车路协同云控系统的功能、组成、信息交互及有关概念。 能够搜集、分析有关车路协同云控系统的信息资料	
实施准备	相关的文献、资料、数据； 汇报用视频设备、纸、笔	
实施步骤	自主学习	学习相关知识； 获取相关信息； 撰写汇报、讨论提纲； 制作汇报、讨论 PPT
	小组讨论	以学习小组为单位，进行研讨、分析，形成小组汇报；成果：提纲、PPT
	小组汇报	汇报小组成果
自我反思		

项目三
车路协同感知与定位技术规范

任务一

车路协同感知技术规范

一、任务信息

任务一　　车路协同感知技术规范				
学时	4 学时		班级	
成绩			日期	
姓名			教师签名	
案例导入	请观看一组场景图片：在城市道路的一个交叉路口，发生交通事故——两车相撞。 　　城市道路的十字交叉路口，是交通事故的多发地点。思考、讨论关于避免发生交通事故、提高通行效率的基本问题。 　　①人类驾驶操作，受各种因素影响，可能出现误判、误操作。 　　②应用车路协同技术，实现 V2V（车与车）通信，即车与车之间互通信息，包括车辆定位、车速、方向、驾驶员操作等，车路协同控制器计算、分析、判断，控制车辆制动、加速、转向，避免发生车辆之间刮碰，提高通行效率。 　　③城市道路的交叉路口，是车路协同技术的主要应用场景之一			
任务目标	知识	①掌握协同感知的概念； ②掌握协同感知的工作原理、通信方式、技术要求、数据交互需求		
	技能	能够利用关键词搜索车路协同感知技术的有关技术规范、技术标准、研究报告等资料，阅读并简要分析		
	素养	培养自学能力； 培养团队合作意识； 培养技术创新意识		

二、知识解析

（一）协同感知概念

自动驾驶车辆在真实路况行驶时，常因其他物体遮挡而存在感知盲区，借助路侧单元或其他车辆感知到的信息，能够帮助车辆更好地得到全局的路况信息。协同感知是指在混合交通环境下，由路侧感知设备或车载感知设备感知周边道路交通信息，并经过 AV-ICCU-RS 或 AV-ICCU-OB 处理后，通过 RSU 或 OBU 将感知结果发送给自动驾驶车辆，自动驾驶车辆接收到这些信息后可以增强自身感知能力，辅助车辆做出正确的控制决策，并在特定场景下实现通过路侧感知设备的感知信息完成自动驾驶的功能，从而实现自动驾驶车辆可以低成本的安全通信。

自动驾驶车辆在运行过程中，当处于 RSS 的通信范围内时，尤其是在通过道路交汇点、经常发生拥堵的路段以及交通部门认定交通事故多发路段，感知设备感知周边环境，并通过 RSU 设备将感知信息发送给自动驾驶车辆，保证车辆可以获取到路段的全面道路信息，包括行人、车辆、骑行者以及路面信息这些整个场景的数据。自动驾驶车辆可根据这些信息规划最佳路径，避免事故的发生，从而实现自动驾驶车辆安全高效地通过。

（1）车路协同感知

在交叉路口或者事故多发路段，路侧感知设备不断感知周边的道路交通信息，包括障碍物信息（行人、骑行者、机动车以及其他静态或动态物体）、交通设施（信号灯、交通标志）、路面状况（坑洼、道路维修或封闭等）、行驶环境（天气环境、交通状况等），所感知内容包括物体的位置信息、速度信息、物体大小、物体描述、历史轨迹并预估所感知物体的运动轨迹，路侧感知设备将感知到的信息实时传送给 AV-ICCU-RS，AV-ICCU-RS 实时处理接收到的感知信息，再通过 RSU 实时传送给自动驾驶车辆，收到信息的车辆可根据 RSS 感知消息并融合自身的感知信息，制定合理的行车策略，提高行驶安全和通行效率。

路侧感知设备包括激光雷达、摄像机、毫米波雷达、红外摄像机等，但不局限于这些设备。

如图 3-1 所示，车路协同式感知场景具体描述如下：

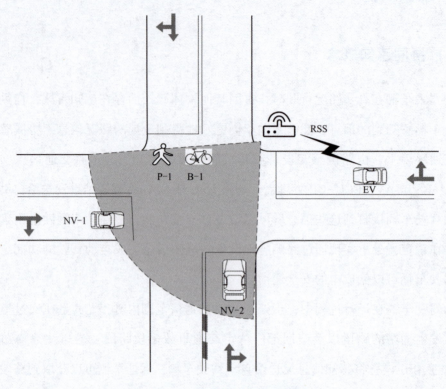

图 3-1　车路协同感知示意图

路侧感知设备（例如摄像机、雷达等）探测到交叉路口行人 P-1、骑行者 B-1，以及车辆 NV-1 和 NV-2。

路侧感知设备将感知到的原始信息发送给 AV-ICCU-RS 进行实时处理。

AV-ICCU-RS 将处理后的感知信息发送给 RSU，并通过 RSU 实时发送给其覆盖范围内的自动驾驶车辆。

自动驾驶车辆的 OBU 接收感知信息，并将消息发送给 AV-ICCU-OB，AV-ICCU-OB 根据接收到的感知消息并融合自身的感知信息，制定车辆的行驶策略，并将策略传递给车辆线控系统，进而实现对车辆的实时控制。

（2）车车协同感知

车辆通过自身感知设备（摄像机、雷达等）探测到周围其他交通参与者，包括但不限于车辆、行人、骑行者等目标物，并将探测目标的类型、位置、速度、方向等信息进行处理后（基于多传感器融合感知或者单传感器感知）通过 OBU 发送给周围其他车辆，收到此信息的其他车辆可提前感知到不在自身视野范围内的交通参与者，可根据接收到的感知消息并融合自身的感知信息，制定合理的行车策略，提高行驶安全和通行效率。

如图 3-2 所示，车车协同感知场景如下：

自动驾驶车辆 EV-1 的车载感知设备（例如摄像机、雷达等）探测到其感知范围内的障碍物有车辆 NV-1（NV：Normal Vehicle，未装载通信系统的普通车辆）以及行人 P-1。

车载感知设备将感知到的原始信息发送给 AV-ICCU-OB 进行实时处理。

AV-ICCU-OB 将处理后的感知信息发送给 OBU，并通过 OBU 实时发送给其覆盖范围内的自动驾驶车辆 EV-2（EV：Equipped Vehicle，装载通信系统的车辆）。

自动驾驶车辆 EV-2 的 OBU 接收感知信息，并将消息发送给 AV-ICCU-OB，AV-ICCU-OB 根据接收到的感知消息并融合自身的感知信息，制定车辆的行驶策略，并将策略传递给车辆线控系统，进而实现对车辆的实时控制。

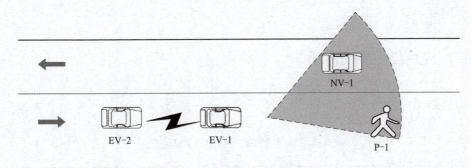

图 3-2　车车协同感知示意图

（二）基本工作原理

RSS 或 VSS 通过 RSU 或 OBU 将处理后的感知信息周期性地广播给周边的自动驾驶车辆，或者由自动驾驶车辆请求感知共享并确认后，将处理后的感知信息单播或组播给周边发出请求的自动驾驶车辆。

自动驾驶车辆接收来自其他系统发送的感知消息，当自动驾驶车辆具备感知功能时，将来自其他系统的感知数据和本车的感知数据融合处理，得到最终的结果数据，用于车辆的自动驾驶系统的决策控制输入。

自动驾驶车辆接收来自其他系统发送的感知消息，当自动驾驶车辆不具备感知功能时，将来自其他系统的感知数据用于车辆的自动驾驶系统的决策，控制输入。

（三）通信方式

感知数据的提供车辆和接收车辆之间，路侧单元（RSU）和感知数据的接收车辆之间，通过直连的方式通信，通信方式可为广播、单播或组播的形式。

（四）主要技术要求

车速范围：0~120 km/h；

通信距离：≥200 m；

数据更新频率（有数据共享期间）：≥10 Hz；

应用层端到端系统时延：≤100 ms；

定位精度：≤1.5 m。

（五）应用层数据交互需求

应用层数据交互件见表3-1~表3-5。

表3-1　路侧感知数据共享（RSU发送）

数　据		单位	备　注
时刻		ms	
位置感知			消息发送时的位置
目标物描述（列表）	目标物分类		ENUM：行人/骑行者/车辆/障碍物
	目标物 ID		INTEGER：目标物 ID
	数据来源		ENUM
	目标物状态		INTEGER 序列
	目标物状态保持时间	ms	描述目标物当前状态的持续时长
	目标物感知置信度		INTEGER 序列，描述了一定置信水平下的感知精度
	目标物类型		INTEGER 序列
	目标物位置（经纬度）	(°)	
	目标物位置（海拔）	m	

数据		单位	备 注
目标物描述（列表）	位置置信度		
	目标物详细信息		包括大小、角点数据等
	目标大小置信度		描述了一定置信水平下的目标大小精度
	目标物速度	m/s	
	速度置信度		描述了一定置信水平下的速度精度
	目标物航向	(°)	
	航向置信度		描述一定置信水平下的目标物航向角的精度
	目标物加速度	m/s²	
	目标物加速度置信度		描述了一定置信水平下的加速度精度
	目标物跟踪时长		包括静止、运动等不同运动状态下，路侧或车辆连续感知的时长
	目标物历史轨迹		包括各个时刻的位置、速度等信息
	目标物轨迹预测		描述目标物的轨迹预测

表 3-2　目标物类型

类 型	备 注
全量物体	包括动态及静态物体
动态物体	高精度地图中没有标记的障碍物
静态物体	高精度地图中标记的障碍物

表 3-3　目标物状态

状 态	备 注
静止	
运动	

项目三　车路协同感知与定位技术规范

表 3-4 目标物详细信息

状　态	备　注
描述点集合	三维，可用经纬高描述
长宽高	
离地高度	

表 3-5 车端感知数据共享（OBU 发送）

数　据		单　位	备　注
时刻		ms	
位置		(°)	感知消息发送时的位置
目标物描述	目标物分类		行人/骑行者/车辆/障碍物
	目标物 ID		INTEGER：目标物 ID
	数据来源		ENUM
	目标物状态		INTEGER 序列
	目标物感知置信度		描述障碍物感知结果的可信程度
	目标物类型		INTEGER 序列
	目标物位置（经纬度）	(°)	
目标物描述	目标物位置（海拔）	m	
	位置置信度		描述了一定置信水平下的位置精度
	目标物详细信息		包括大小、角点数据等
	目标大小置信度		描述了一定置信水平下的大小精度
	目标物速度	m/s	
	速度置信度		描述了一定置信水平下的速度精度
	目标物航向	(°)	
	航向置信度		描述了一定置信水平下的方向精度
	目标物加速度	m/s^2	
	目标物加速度置信度		描述了一定置信水平下的加速度位置精度
	目标物跟踪时长		包括静止、运动等不同运动状态下，路侧或车辆连续感知的时长

三、任务实施

任务名称：车路协同感知技术规范		
姓名：	班级：	学号：

任务描述	车路协同感知技术规范是自动驾驶汽车的重要技术基础之一。 　　请你就"车路协同感知概念、基本原理、通信方式、技术要求、数据交互"等知识点，搜集资料并分析，正确理解、说明车路协同感知技术规范内涵，在学习小组或班级里讨论、共享
能力目标	能够正确、清晰地说明车路协同感知的概念、基本工作原理、通信方式、技术要求、数据交互等知识点。 　　能够搜集、分析有关车路协同感知技术的信息资料
实施准备	相关的文献、资料、数据； 车路协同自动驾驶系统实训沙盘； 汇报用视频设备、纸、笔

实施步骤	自主学习	学习相关知识； 获取相关信息； 撰写汇报、讨论提纲； 制作汇报、讨论 PPT
	小组讨论	以学习小组为单位，进行研讨、分析，形成小组汇报；成果：提纲、PPT
	小组汇报	汇报小组成果

自我反思	

任务二

车路协同定位技术规范

一、任务信息

任务一　车路协同定位技术规范			
学时	4 学时	班级	
成绩		日期	
姓名		教师签名	
案例导入	小张开车到某写字楼开会。由于时间比较紧张，车辆到达写字楼地下停车场时，停车场车辆很多。小张开车从负一层开始寻找车位，再到负二层，再到负三层，终于找到了车位，停车后，匆匆上楼赶到会场，但已经迟到了。会议结束后，小张到地下负三层寻找自己的车，由于停车位布局复杂，十分钟左右才找到。小张因为今天的停车、找车导致心情不好。 　　请你根据车路协同技术的思路，分析、讨论能否利用技术手段帮助小张解决"停车难、找车难"的问题			
任务目标	知识	①掌握 C-V2X 直通链路定位概念； ②掌握网联定位概念、系统架构； ③熟悉网联定位工作原理、通信方式、性能要求	
	技能	能够利用关键词搜索车路协同定位技术的有关技术规范、技术标准、研究报告等资料，阅读并简要分析	
	素养	培养自学能力； 培养团队合作意识； 培养技术创新意识	

三、知识解析

（一）C-V2X 直通链路定位概念

C-V2X 通信包括直通链路通信和蜂窝网上下行通信两种方式，直通链路通信在蜂窝网覆盖内或者覆盖外均可工作，如采用直通链路定位技术，可支持车联网设备的全场景定位。

3GPP Release 17 正在开展覆盖内定位场景、部分覆盖及覆盖外定位场景和需求的研究，包括针对 V2X 的定位场景和需求进行的研究，研究直通链路定位技术的需求和架构。

5GAA Work Item V2XHAP 定义了直通链路定位架构，包括基于 UE 的直通链路定位模式和 UE 辅助的直通链路定位模式，研究了直通链路定位频谱需求和潜在频段。

直通链路定位可将 RSU（Road Side Unit）等位置固定的设备作为锚节点，发送直通链路 PRS（Positioning Reference Signal），移动节点通过直通链路 PRS 测量，进而由定位服务器或者自身解算出绝对位置，如图 3-3 所示（图片来源网络：车联网定位技术现状及展望）。

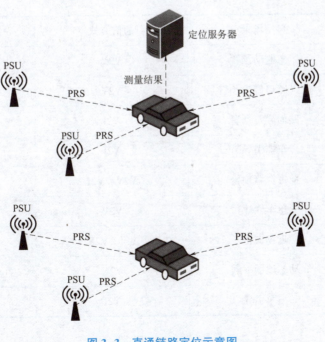

图 3-3　直通链路定位示意图

直通链路定位还可通过移动节点发送的直通链路 PRS 进行测距和测角，实现相对位置定位，满足碰撞预警、编队行驶等定位或测距的需求，如图 3-4 所示。

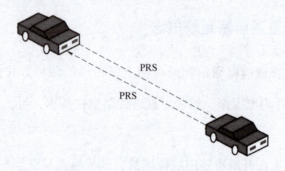

图 3-4　直通链路定位示意图

（二）车路协同技术

1. 车路协同技术指标

自动驾驶车辆不同的应用场景，对定位的技术要求也各不相同。典型的车联网业务对定位的需求见表 3-6。

表 3-6　C-V2X 主要应用场景及定位指标

应用场景	典型场景	通信方式	定位精度/m
交通安全	紧急制动预警	V2V	≤［1.5］
	交叉路口碰撞预警	V2V	≤［5］
	路面异常预警	V2I	≤［5］
交通效率	车速引导	V2I	≤［5］
	前方拥堵预警	V2V、V2I	≤［5］
	紧急车辆让行	V2V	≤［5］
信息服务	近场支付	V2I、V2V	≤［3］
	动态地图下载	V2N	≤［10］
	泊车引导	V2V、V2P、V2I	≤［2］

封闭或半封闭园区的无人摆渡、无人清扫、无人派送，以及矿区的无人采矿、无人运输等，已经成为自动驾驶的典型应用。高精度定位是实现自动驾驶或者远程驾驶的基本前提，因此对定位性能的要求也非常严苛，其中 L4/L5 级自动驾驶对于定位的需求见表 3-7。

表 3-7　L4/L5 级自动驾驶汽车定位系统指标要求

项　目	指　标	理　想　值
位置精度	误差均值	< 10 cm
位置鲁棒性	最大误差	< 30 cm
姿态精度	误差均值	< 0.5°
姿态鲁棒性	最大误差	< 2.0°
场景	覆盖场景	全天候

2. 车路协同定位系统架构

高精度定位作为车联网整体系统中的关键部分，结合对车辆高精度定位的场景分析和性能需求，主要包括：终端层——实现多源数据融合（卫星、传感器及蜂窝网数据）算法，保障不同应用场景、不同业务的定位需求；网络层——包括 5G 基站、RTK 基站和路侧单元 RSU，为定位终端实现数据可靠传输；平台层——提供一体化车辆定位平台功能，包括差分解算能力、地图数据库、高清动态地图、定位引擎，并实现定位能力开放；应用层——基于高精度定位系统能够为应用层提供车道级导航、线路规划、自动驾驶等应用。车路协同定位系统架构图如图 3-5 所示。

（1）终端层

为满足车辆在不同环境下的高精度定位需求，需要在终端采用多源数据融合的定位方案，包括基于差分数据的 GNSS 定位数据、惯导数据、传感器数据、高精度地图数据以及蜂窝网数据等。

差分数据服务 DDS 是一种利用 V2X 交互实现的导航定位增强技术。利用布设在区域内的基础设施（如 GNSS 基准站、地基增强系统等），监测视野内的 GNSS 卫星，通过集中数据处理，分类获得误差改正参数和完好性信息，通过 V2X 交互的方式播发给范

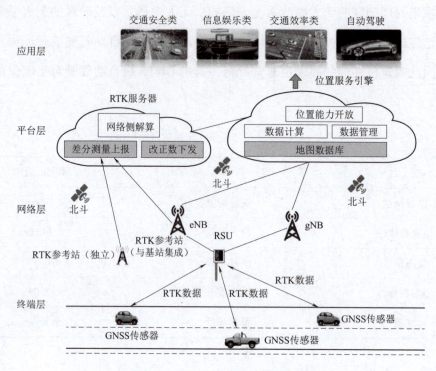

图 3-5　车路协同定位系统架构图

围内的车辆，从而使车辆定位精度提升。

1）基本工作原理

道路附近设有 RSU 与定位差分数据服务基站，RSU 实时获取定位差分数据服务基站的差分数据，RSU 向周围车辆或其他交通参与者（行人、骑行者等）周期性广播差分数据，如图 3-6 所示。

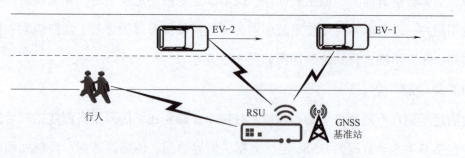

图 3-6　车路协同定位示意图

装备有 V2X 通信设备的车辆或其他交通参与者，在接收到 RSU 发送的差分数据后，输入自身 GNSS 定位系统，实现自身定位解算精度的提升。

2）通信方式

车辆与其他交通参与者以及 RSU 须具备无线通信能力，采用广播或单播的方式进行信息交互。

3）基本性能要求

通信距离：≥200 m；

数据通信频率：≥1 Hz；

应用层端到端时延：≤500 ms。

（2）网络层

系统网络层主要实现信号测量和信息传输，包括 5G 基站、RTK 基站和 RSU 路侧单元的部署。5G 作为更新一代的通信技术，可以保证较高的数据传输速率，满足高精度地图实时传输的需求。5G 基站也可完成与终端的信号测量，上报平台，在平台侧完成基于 5G 信号的定位计算，为车辆高精度定位提供辅助。基于 5G 边缘计算，可实现高精度地图信息的实时更新，提升高精度地图的实时性和准确性。

地基增强站主要完成 RTK 测量，地基增强站可以与运营商基站共建，大大降低网络部署以及运维成本。同时可通过 5G 网络实现 RTK 基站测量数据的传输，可实现参考站快速灵活部署。

RSU 一方面可实现 RTK 信息播发，避免传统的 RTK 定位中终端初始位置的上报；另一方面，RSU 可提供局部道路车道级地图、实时动态交通信息广播。

（3）平台层

平台层可实现功能模块化，主要包括以下内容：

高精度地图：静态高精度地图信息，如车道线、车道中心线、车道属性变化等，此外还包含道路的曲率、坡度、航向、横坡等参数，能让车辆准确地转向、制动、爬坡等，还包含交通标志牌、路面标志等道路部件，标注出特殊的点如 GNSS 消失的区域、道路施工状态等。

交通动态信息：例如道路拥堵情况、施工情况、交通事故、交通管制、天气情况等动态交通信息。

差分解算：平台通过 RTK 基站不断接收卫星数据，对电离层误差、对流层误差、轨道误差以及多路径效应等误差在内的各种主要系统误差源进行了优化分析，建立整网的电离层延迟、对流层延迟等误差模型，并将优化后的空间误差发送给移动车辆。

数据管理：例如全国行政区划数据、矢量地图数据、基础交通数据、海量动态应急救援车辆位置数据、导航数据、实时交通数据、POI（Point of Interest，兴趣点）数据等，这里的数据是经过数据生产工艺，进行整合编译后的运行数据。

数据计算：包括路径规划、地图静态数据计算、动态实时数据计算、大数据分析、数据管理等功能。

（4）应用层

在应用层，为用户提供地图浏览、规划路线显示、数据监控和管理等功能，以及基于位置的辅助驾驶、自动驾驶等车联网业务。

三、任务实施

任务名称：车路协同定位技术规范			
姓名：		班级：	学号：
任务描述	车路协同定位技术规范是自动驾驶汽车的重要技术基础之一。 请你就"车路协同定位概念、技术指标、系统架构"等知识点，搜集资料并分析，正确理解、说明车路协同定位技术规范内涵，在学习小组或班级里讨论、共享		
能力目标	能够正确、清晰地说明车路协同定位概念、技术指标、系统架构等知识点。 能够搜集、分析有关车路协同定位技术的信息资料		
实施准备	相关的文献、资料、数据； 车路协同自动驾驶系统实训沙盘； 汇报用视频设备、纸、笔		
实施步骤	自主学习	学习相关知识； 获取相关信息； 撰写汇报、讨论提纲； 制作汇报、讨论 PPT	
	小组讨论	以学习小组为单位，进行研讨、分析，形成小组汇报；成果：提纲、PPT	
	小组汇报	汇报小组成果	
自我反思			

项目四

车路协同系统应用

任务一
车路协同应用场景规范

一、任务信息

任务一　车路协同应用场景规范			
学时	4 学时	班级	
成绩		日期	
姓名		教师签名	
案例导入	车路协同基本应用主要分三类：有关生命财产安全的道路安全；提升交通效率、降低能源消耗和减少环境污染；为出行提供便捷及时的信息、娱乐服务，提供丰富多样的驾乘体验。 场景：车辆在停车场出口缴费时，驾驶员停车，此时收费屏幕显示停车费金额。驾驶员拿出手机并扫描收费二维码（可能需要反复扫描）进行手机付费操作后，收费屏幕显示缴费成功，然后电子杆抬起，车辆通行。在这段时间内，后面已经排起了长长的车队，等待通行。 请你就以上场景分析、讨论利用车路协同技术基本思路，能否在停车场出口实现不停车收费，直接通行？ 再深入考虑车路协同技术还有哪些应用场景			
任务目标	知识	①熟悉《合作式智能运输系统车用通信系统应用层及应用数据交互标准（第一阶段）》的 17 个典型应用场景； ②熟悉《合作式智能运输系统车用通信系统应用层及应用数据交互标准（第二阶段）》的 12 个典型应用场景； ③熟悉车路协同增强型的四类应用场景	
	技能	能够利用关键词搜索车路协同应用场景规范的技术资料，阅读并简要分析	
	素养	培养自学能力； 培养团队合作意识； 培养技术创新意识	

二、知识解析

在车端与车企云平台、路侧边缘云平台、智能辅助驾驶服务平台、车载信息服务云平台、高精度动态地图服务平台等车联网服务平台的车云通信场景下，具体实现车辆导航、车辆远程监控/诊断/接管、紧急救援、信息娱乐服务、空中软件升级（OTA）等应用场景。在重点城市、高速公路、物流园区、港口、矿山、科技园区的车车通信场景下，实现前向碰撞预警、交叉路口碰撞预警、左转辅助、盲区预警、变道辅助、逆向超车预警、紧急制动预警、异常车辆提醒、车辆失控预警、紧急车辆提醒、感知数据共享、协作式变道、协作式车辆编队管理等应用场景。在重点城市、高速公路、封闭测试场、车路协同试点路段等的车与路通信场景下，实现交叉路口碰撞预警、左转辅助、道路危险状况提示、限速预警、闯红灯预警、弱势交通参与者碰撞预警、绿波车速引导、车内标牌、前方拥堵提醒、紧急车辆提醒、感知数据共享、协作式变道、协作式车辆汇入、协作式交叉口通行、差分数据服务、动态车道管理、协作式优先车辆通行、场站路径引导服务、浮动车数据采集、道路收费等应用场景。在车与设备通信场景下，实现基于移动智能终端的车辆远程控制、车辆信息查询、安全预警等应用，无钥匙进入、车载设备互联等车载短距无线通信，以及新能源汽车充电等应用场景。

（一）车路协同基本应用场景规范

车路协同基本应用场景主要分为三类：有关生命财产安全的道路安全；提升交通效率、降低能源消耗和减少环境污染；为出行提供便捷及时的信息、娱乐服务，提供丰富多样的驾乘体验。

2020 年 12 月，中国智能网联汽车产业创新联盟联合星云互联、重庆长安汽车、通用汽车等单位推出了《合作式智能运输系统车用通信系统应用层及应用数据交互标准（第一阶段）》（T/CSAE 53—2020）（以下简称 DAY1 标准，代替了 T/CSAE 53—2017 标准）。

在第一阶段标准的基础之上，中国智能网联汽车产业创新联盟联同星云互联科技、电信科学技术研究院、华为技术有限公司等单位推出 V2X 第二阶段标准——《合作式智能运输系统车用通信系统应用层及应用数据交互标准（第二阶段）》（以下简称

DAY2 标准），丰富了应用层场景。

基于国际标准化组织（ISO）指定的通信系统七层参考模型及欧美正在制定的车用通信系统构架，车用通信系统通常可以分为系统应用、应用层、传输层、网络层、数据链路层和物理层。DAY1 标准着重关注了应用层及应用层与上下相邻两层的数据交互接口，应用层协议主要包括消息集和消息集内的数据帧与数据元素，以及消息的数据结构和编码方式。

DAY1 标准通过对道路安全、通行效率和信息服务等基础应用的分析，定义了在实现各种应用时，本车与其他车辆、道路交通设施及其他交通参与者之间的信息交互内容、交互协议与接口等。

DAY1 标准选择了安全、效率、信息服务三个方面，覆盖了 17 个应用场景，包括前向碰撞预警、交叉路口碰撞预警、异常车辆提醒、绿波车速引导、前方拥堵提醒、汽车近场支付等，如表 4-1 所示。

表 4-1　DAY1 应用列表

序	类别	通信方式	应用名称
1	安全	V2V	前向碰撞预警
2		V2V/V2I	交叉路口碰撞预警
3		V2V/V2I	左转辅助
4		V2V	盲区预警/换道辅助
5		V2V	逆向超车预警
6		V2Event	紧急制动预警
7		V2Event	异常车辆提醒
8		V2Event	车辆失控预警
9		V2I	道路危险状况提示
10		V2I	限速预警
11		V2I	闯红灯预警
12		V2P/V2I	弱势交通参与者碰撞预警
13	效率	V2I	绿波车速引导
14		V2I	车内标牌
15		V2I	前方拥堵提醒
16		V2V	紧急车辆提醒
17	信息服务	V2I	近场支付

DAY1 标准在应用定义、主要场景、系统基本原理、通信方式、基本性能要求和数据交互需求 6 个方面对 17 个场景进行定义的同时，也根据应用对通信频率和时延的不同需求，将 17 个一期应用分为了两大类：一是高时延（>100 ms）、低频率（<10 Hz）的应用，可通过 4G 蜂窝通信技术实现；二是低时延（≤100 ms）、高频率（≥10 Hz）的应用，需要 LTE-V2X、DSRC 或 5G 通信技术的支持才能实现。

DAY2 标准基于 DAY1 标准，选择面向安全、效率、信息服务、交通管理、高级智能驾驶等领域，定义了 12 个典型应用，其中包括感知数据共享、协作式变道、协作式车辆汇入等应用，如表 4-2 所示。

表 4-2　DAY2 应用列表

序	应用名称	通信方式	类别
1	感知数据共享	V2V/V2I	安全
2	协作式变道	V2V/V2I	安全
3	协作式车辆汇入	V2I	安全/效率
4	协作式交叉口通行	V2I	安全/效率
5	差分数据服务	V2I	信息服务
6	动态车道管理	V2I	效率/交通管理
7	协作式优先车辆通行	V2I	效率
8	场站路径引导服务	V2I	信息服务
9	浮动车数据采集	V2I	交通管理
10	弱势交通参与者安全通行	P2X	安全
11	协作式车辆编队管理	V2V	高级智能驾驶
12	道路收费服务	V2I	效率/信息服务

DAY2 标准也在应用定义、预期效果、主要场景、系统基本原理、通信方式、基本性能要求和数据交互需求 7 个方面，对 12 个第二阶段应用场景分别进行了描述。

DAY1 标准的应用场景更多关注的是单车在车路协同环境下的预警功能实现，而在 DAY2 阶段，更多的场景则聚焦到了车路协作、交通控制管理等方面。

DAY2 标准中，注重盲区预警/变道预警、弱势交通参与者碰撞预警、紧急车辆提醒三个场景。在安全分类中加入感知数据共享、协作式车辆汇入、协作式交叉口通行应用场景，在效率分类中新加入道路收费服务、动态车道管理、协作式车辆汇入及协作式交叉口通行场景，在信息服务分类中加入差分数据服务、场站路径引导服务、道路收费服务应用场景。新增了交通管理及高级智能驾驶两个分类，在交通管理分类中新增了动态车道管理及浮动车数据采集应用场景，在高级智能驾驶分类中新增了协作式车辆编队管理应用场景。

（二）车路协同增强型应用

随着汽车技术和通信技术的发展，V2X 基本应用已不能满足以自动驾驶为主的车联网增强型应用的需求。车路协同增强型应用提出了更严苛的通信需求，如极低的通信时延、极高的可靠性、更大的传输速率、更远的通信范围，以及支持更高的移动速度等。

3GPP 将车路协同增强型应用分为四类：车辆编队行驶、高级驾驶、传感器扩展和远程驾驶。

车辆编队行驶：支持车辆动态组成车队进行行驶，所有编队行驶的车辆都能够从头车获取信息，使得编队行驶的车辆之间保持米级车间距，从而提高交通运输效率、减小风阻、降低油耗。

高级驾驶：支持半自动/全自动驾驶，可以通过邻近车辆之间共享感知数据来共享自己的驾驶意图，并进行驾驶策略的协调和同步，实现运动轨迹和操作协同。

传感器扩展：要求交通参与者，如车辆之间、车辆与 RSU 之间、车辆与行人之间、车辆与 V2X 应用服务器之间能够实现车载传感器或车载动态视频信息的交互，从而扩展传感器的感知范围，以便获得更全面的当前道路的环境信息。

远程驾驶：通过远程驾驶员或者 V2X 应用服务器对远程车辆进行操控和驾驶。

V2X 增强应用对通信场景要求的性能指标见表 4-3～表 4-6。

表 4-3　车辆编队应用的性能需求

通信场景	自动化程度	有效负荷/Byte	发送频率/Hz	最大端到端时延/ms	可靠性/%	数据速率/(Mbit·s⁻¹)	最小通信范围/m
车辆编队协作驾驶：一组支持车辆编队应用的车辆之间信息交互	最低	300~400	30	25	90		
	低	6 500	50	20			350
	最高	50~1 200	30	10	99.99		80
	高			20		65	180
支持车辆编队应用的车辆之间以及车辆和 RSU 间信息上报	N/A	50~1 200	2	500			
支持车辆编队应用的车辆和 RSU 间信息共享	较低	6 000	50	20			350
	较高			20		50	180

表 4-4　高级驾驶的性能需求

通信场景	自动化程度	有效负荷/Byte	发送频率/Hz	最大端到端时延/ms	可靠性/%	数据速率/(Mbit·s⁻¹)	最小通信范围/m
车辆之间协作冲突避免		2 000	100	10	99.99	10	700
自动驾驶车辆之间信息共享	较低	6 500	10	100			360
	较高	6 500	50	20		53	360
自动驾驶车辆和 RSU 间信息共享	较低	6 000	10	100			700
	较高			10		50	360
车辆间紧急驾驶轨迹对准		2 000		3	99.999	30	500
交叉路口车辆和 RSU 间信息共享		上行（UL）：450	上行（UL）：50			上行（UL）：0.25 下行（DL）：50	
车辆协作变道	较低	300~400		25	90		
	较高	12 000		10	99.99		
车辆和 V2X 服务器之间视频共享						上行（UL）：10	

表 4-5　传感器扩展的性能需求

通信场景	自动化程度	有效负荷/Byte	发送频率/Hz	最大端到端时延/ms	可靠性/%	数据速率/(Mbit·s⁻¹)	最小通信范围/m
车与车之间传感器信息共享	较低	1 600	10	100	99		1 000
	较高			10	95	25	
				3	99.999	50	200
				10	99.99	25	500
				50	99	10	100
				19	99.99	1 000	50
车与车之间视频共享	较低			50	90	10	100
	较高			10	99.99	700	200
				10	99.99	90	400

表 4-6　远程驾驶的性能需求

通信场景描述	最大端到端时延/ms	可靠性/%	数据速率/(Mbit·s⁻¹)
车辆和 V2X 应用服务器间视频共享	5	99.999	UL：25　DL：1

V2X 增强应用性能需求总结如表 4-7 所示。

表 4-7　增强型应用性能需求

增强应用用例	有效负荷/Byte	发送频率/Hz	最大端到端时延/ms	可靠性/%	数据速率/(Mbit·s⁻¹)	最小通信范围/m
车辆编队	50~6 500	2~50	10~25	90~99.999	最大 65	80~350
半/全自动驾驶	300~12 000	10~100	3~100	90~99.999	10~53	360~700
传感器信息交互	1 200		3	99.999	1 000	1 000
远程驾驶			5	99.999	UL：25　DL：1	

三、任务实施

任务名称：车路协同应用场景规范		
姓名：	班级：	学号：
任务描述	车路协同应用场景包括：《合作式智能运输系统车用通信系统应用层及应用数据交互标准》第一阶段的 17 个、第二阶段的 12 个典型应用场景和 3GPP 车联网（车路协同）增强型的四类应用场景。 请你就"车路协同系统应用场景规范"及有关重要概念，搜集资料并分析，结合车路协同系统实训沙盘，正确理解、说明车路协同各种应用场景规范，在学习小组或班级里讨论、共享	
能力目标	能够正确理解、清晰地说明车路协同系统应用场景规范及有关概念。 能够搜集、分析有关车路协同系统应用场景规范的信息资料	
实施准备	相关的文献、资料、数据； 汇报用视频设备、纸、笔	
实施步骤	自主学习	学习相关知识； 获取相关信息； 撰写汇报、讨论提纲； 制作汇报、讨论 PPT
	小组讨论	以学习小组为单位，进行研讨、分析，形成小组汇报；成果：提纲、PPT
	小组汇报	汇报小组成果
自我反思		

任务二
车路协同应用典型场景

一、任务信息

任务二　车路协同应用典型场景				
学时	8 学时		班级	
成绩			日期	
姓名			教师签名	
案例导入	上汽大众途观 L 插电式混合动力车型配置了车前测距监控系统（FA：Front Assist），可帮助避免追尾事故。FA 亦称预碰撞安全系统，可在碰撞发生前向驾驶员发出碰撞警告。当车辆处于危险情况时帮助驾驶员进行制动，从而避免事故的发生。预碰撞安全系统包含城市紧急制动功能和行人识别系统。FA 系统工作过程及级别有：车距警告、预警、严重警告、自动制动、制动支持。 　　一辆上汽大众途观 L 插电式混合动力车，在城市环路正常行驶中突然出现自动紧急"误刹停"（扫描二维码观看视频），并且导致后车追尾。由此，车辆用户与 4S 店发生纠纷，用户认为是车辆技术故障并上诉到省级消费者权益保护委员会，要求厂家赔偿。省级消费者权益保护委员会组织专家分析车辆诊断报告并多次进行道路测试，认为车辆 FA 系统功能在厂家技术范围之内没有出现异常。 　　请同学们分组讨论并汇报： 　　①车辆正常行驶中突然出现自动紧急"误刹停"的原因有哪些？ 　　②运用车路协同技术，能否在实现防碰撞功能的基础上确保不会出现"误刹停"			
任务目标	知识	①掌握协作式车辆编队管理（CPM）的典型应用场景、基本工作原理、通信方式、主要技术要求、数据交互需求； 　　②掌握高精度地图信息更新的应用定义、典型应用场景、基本工作原理、通信方式、主要技术要求、数据交互需求； 　　③掌握自主泊车的应用定义、典型应用场景、基本工作原理、通信方式、主要技术要求、数据交互需求； 　　④掌握前方避撞的典型应用场景、基本工作原理、通信方式、主要技术要求、数据交互需求； 　　⑤掌握盲区预警的典型应用场景、基本工作原理、通信方式、主要技术要求、数据交互需求； 　　⑥掌握浮动车数据采集（PDC）的典型应用场景、基本工作原理、通信方式、主要技术要求、数据交互需求		

任务目标	技能	能够利用关键词搜索车路协同应用典型场景的技术资料，阅读并简要分析
	素养	培养自学能力； 培养团队合作意识； 培养技术创新意识

二、知识解析

车路协同技术的商用预期将经历三个发展阶段，如图 4-1 所示。

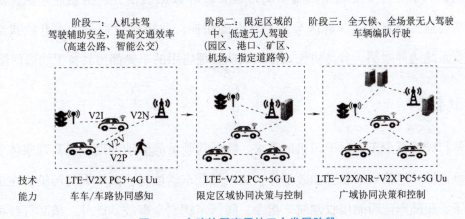

图 4-1 车路协同商用的三个发展阶段

阶段一：支持辅助安全驾驶，提高交通效率。需要 LTE-V2X PC5 和 4G 蜂窝（基于 Uu 接口）支持，提供车—车、车—路协同感知能力。

阶段二：限定区域或指定道路中，中、低速自动驾驶。需要 LTE-V2X PC5 和 5G 蜂窝（Uu、eMBB）支持，与区域部署的 EMC 结合，提供指定道路（如城市、高速公路的指定道路）或限定区域（如园区、厂区、港口、矿山、机场等）的协同决策和控制能力。具体应用包括：矿区无人车、城市无人清扫车、微循环无人小巴、机场无人物流车和接驳车。

阶段三：乘用车自动驾驶以及高速公路的车辆编队行驶。需要 NR-V2X PC5 接口和 5G 蜂窝（Uu、eMBB）支持，与广泛部署的 MEC 融合，提供开放道路的广域协同决策和控制能力。

（一）协作式车辆编队管理（CPM）

1. 应用定义

协作式车辆编队管理应用是指由手动驾驶或者自动驾驶的头车带领，其后由若干自动驾驶车辆组成，呈一个队列的行驶形态前进，车队成员保持一定的车距以及稳定的车速，在有序行驶的状态下巡航。

车辆编队系统需要实现车辆编队的过程管理和数据通信，包括创建车队、加入车队、编队巡航、离开车队、解散车队等状态的切换，此组建过程是动态开放式交互系统，不受系统边界限制。参与协作式车辆编队管理应用的车辆都需具备无线通信能力。

2. 预期效果

编队行驶能减少车辆对于司机的需求，降低驾驶员的劳动强度，提高驾乘体验的安全性、舒适性、运输效率和燃油效率等，从而降低车辆油耗，减少大气污染。在编队行驶状态下，跟随车能瞬间接收领航车指令，降低车辆安全事故。此外，编队行驶可以释放更多车道给其他车辆通行，显著改善交通拥堵并提升运输效率，进一步缓解交通压力，减少人员成本和交通拥堵。编队行驶对于提高车辆的经济性和企业效益，减少由于排放造成的环境污染具有巨大的积极意义。

3. 主要场景描述

（1）创建车队

创建车队场景描述如下：

①自由车 A 静止或行驶状态，发起广播"创建车队"指令，如图 4-2 所示。

图 4-2　自由车广播创建车队信息

②自由车 A 角色变换为领航车，并广播领航车信息表。

（2）加入车队

加入车队场景描述如下：

①自由车 B 接收到领航车 A 的组队信息后，如果想要加入车队，则广播申请加入车队信息，否则不理会领航车 A 的组队信息，如图 4-3 所示。

②自由车 B 广播申请加入车队信息时，将申请状态设置为申请加入车队状态，设置车队 ID 为领航车 A 的车队 ID。

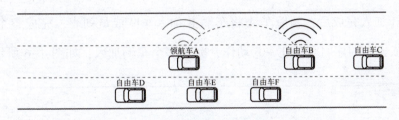

图 4-3　自由车广播（单播）申请加入车队信息

③领航车 A 接收到自由车 B 申请加入车队信息后，确认是否让自由车 B 加入车队。如果接受自由车 B 为成员，则继续执行以下流程，否则无须理会该自由车 B，自由车 B 角色还是自由车类型。领航车 A 动作如下：

车队成员管理信息中，车队申请状态置为确认同意加入车队状态，如图 4-4 所示；

车队成员管理信息中，在加入车队信息列表中增加跟随车 ID，并向队内车辆广播更新后的车队状态。

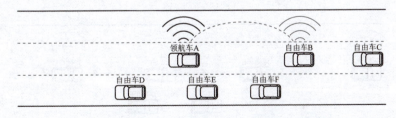

图 4-4　领航车广播（单播）确认同意加入车队信息

④自由车 B 接收到领航车 A 广播的确认同意加入该车队的回复，则执行以下步骤。自由车 B 动作如下：

自由车 B 设置行驶状态为加入车队状态，广播状态信息，并驶入车队队尾，如图 4-5 所示；

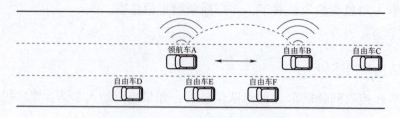

图 4-5　自由车 B 进入队列成为跟随车 B

车辆 B 加入车队后进行跟驰，车辆 B 属性及角色转变为跟随车，并设置行驶状态为跟驰状态，广播状态信息。

⑤车辆 B 加入完成后，领航车 A 将车辆 B 加入车队成员列表，完成整个加入过程。其他跟随车依先后顺序，重复①~⑤动作，完成多个车辆加入，如图 4-6 所示。

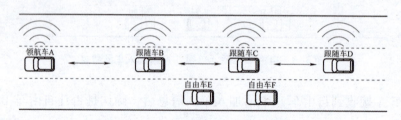

图 4-6　多个自由车加入车队成为跟随车

（3）车队巡航

车队巡航场景描述如下：

所有车辆组成编队以后，车队由领航车带领，进入巡航状态。领航车对外发布领航车及编队基本信息表，跟随车对外发布跟随车基本信息表，如图 4-7 所示。

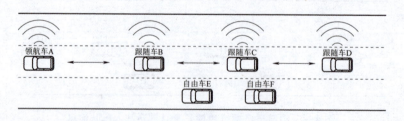

图 4-7　车队巡航

（4）离开车队

离开车队场景描述如下：

①跟随车 B 向领航车 A 和所有跟随车广播申请离开车队指令。

②领航车 A 接收到跟随车 B 申请离开车队指令后，经确认，允许跟随车 B 离开车队。跟随车 B 和领航车 A 的动作如下：

跟随车 B 发起申请离开车队的请求，如图 4-8 所示；

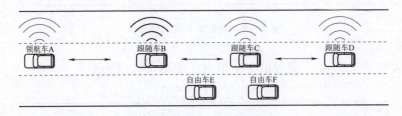

图 4-8　跟随车 B 申请离开车队

跟随车 B 在收到领航车 A 确认离开车队的信息后，车辆设置行驶状态为离队，并广播，直到完全离开车队，设置自身角色为自由车；

自由车 B 停止发送车队管理消息；

领航车 A 收到跟随车 B 申请离开车队请求；

领航车 A 确认跟随车 B 可以离开车队，则将跟随车 B 移出车队成员列表，并加入离队列表中；

当跟随车 B 完全离开车队，变为自由车后，领航车 A 组队信息表中删除跟随车 B 的信息，并广播，如图 4-9 所示。

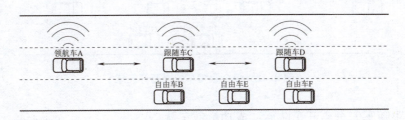

图 4-9　跟随车 B 成功离开车队

（5）解散车队

解散车队场景描述如下：

①领航车 A 广播"解散车队"请求，随后领航车 A 动作如下：

领航车 A 信息表编队状态置为申请解散车队状态，并将车队中的所有成员加入离队列表中，广播领航车信息表，如图 4-10 所示。

②跟随车广播收到"解散车队"请求，跟随车动作如下：

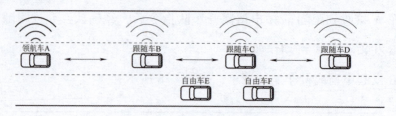

图 4-10　领航车申请解散车队

跟随车收到领航车 A 广播解散车队请求，如图 4-11 所示；

图 4-11　每个跟随车依次离开车队

跟随车将自身状态设置为离队中，并依次或自由离开车队；

跟随车在离开车队后将自身角色设置为自由车；

跟随车在远离车队后停止广播车队消息，如图 4-12 所示。

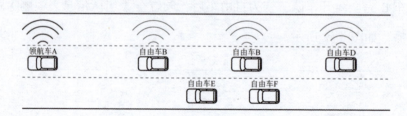

图 4-12　每个跟随车依次离开完成

③所有跟随车安全离开车队后，成功解散车队。

④领航车车辆角色变为自由车。

⑤停止发送领航车 A 的信息表，如图 4-13 所示。

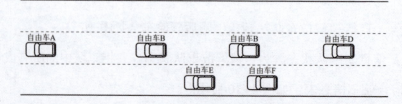

图 4-13　车队解散完成

4. 系统基本原理

（1）车辆属性定义

在车辆组队的场景下，整体环境包含四种车辆角色，即领航车、跟随车、尾车（可选）和自由车。领航车定义为车辆组队场景中的头车，负责整个车队的管理工作，为整个组队场景中的数据源头，向所有跟随车提供车辆位置、路径规划和车队流程确认等数据传输及管理。跟随车定义为车辆组队场景中的头车之后的跟随车辆，是车辆组队场景中的重要组成车辆。尾车是车队中的最后一辆车，根据需求可以设置该角色，也可以不设置，不特别设置尾车时，将尾车作为跟随车处理。自由车为车辆组队场景之外的其他车辆，自由车不参与组队领航车及其跟随车的数据交互确认。车辆属性定义如图4-14所示。

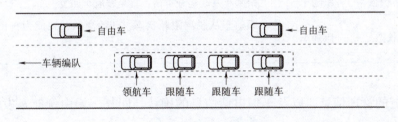

图4-14 车辆属性定义

（2）组队过程中车辆属性状态转换

在车辆组队过程中，各种车辆根据应用需要在各种角色中转换，其状态或属性相应地跟随变化，具体转换方式有如下几种。

自由车切换成领航车状态：当自由车根据应用需求，提出要创建车队时，自由车角色变为领航车角色，自由车属性即变为领航车属性。

自由车切换成跟随车状态：当自由车根据应用提出申请要加入车队，并经过领航车同意确认后，自由车角色变为跟随车角色，自由车属性即变为跟随车属性。

跟随车切换成自由车状态：当跟随车根据应用需要提出离开车队申请，并经领航车确认通过后，跟随车角色变为自由车角色，即跟随车属性变为自由车属性。

领航车切换成自由车状态：当领航车根据应用需要提出解散车队申请，并经过所有跟随车同意确认后，领航车角色变为自由车，即领航车属性变为自由车属性。

（3）车队运行过程中车辆状态定义

申请状态分为申请创建车队状态、申请加入车队状态、申请离开车队状态和申请解散车队状态，见表4-8。

表4-8　车辆状态表

车辆状态	对应车辆角色	备注
巡航状态	领航车	领航车在车队建立后的正常状态
开始解散车队状态	领航车	领航车从开始解散车队，直至所有跟随车离开，保持该状态，随后领航车变成自由车，车队正式消失
申请加入车队状态	自由车	自由车从开始申请加入，到得到领航车的回复，保持该状态
加入车队中状态	自由车	自由车从得到领航车的加入申请回复，到完全进入车队跟驰，保持该状态
跟驰状态	跟随车	车辆正式进入车队，转换角色为跟随车后，保持该跟驰状态
申请离开车队状态	跟随车	跟随车发起离开申请，直至领航车回复
离开车队中状态	跟随车	跟随车从脱离跟驰状态，开始离队，到成为自由车，保持该状态

车队成员的管理信息，以及车辆申请信息的确认、回复，均由领航车发送的成员管理信息字段表示。该成员管理信息包括了车队成员列表、加入成员列表以及离开成员列表，见表4-9。

表4-9　车队成员管理信息表

车队成员列表	定义	发送方	备注
车队成员列表	领航车和处于正常跟驰状态的跟随车的有序列表	领航车	
加入成员列表	正在加入车队过程中的车辆列表	领航车	领航车同意自由车的加入申请，将其置入加入成员列表，直至该车正式加入车队，成为跟随车后将其移入车队成员列表
离开成员列表	正在离开车队过程中的车辆列表	领航车	领航车同意跟随车的离队申请，将其置入离开成员列表，直至该车完全脱离成为自由车后将其删除

5. 通信方式

在协作式车辆编队管理场景中，相关车辆应具备无线通信能力，采用单播、组播或广播方式进行交互。

6. 基本性能要求

车速范围：0~120 km/h；

通信距离：≥400 m；

数据通信频率（应用触发期间）：≥10 Hz；

应用层端到端时延：≤50 ms；

水平方向精度：≤1 m。

7. 数据交互需求

协作式车队管理场景中数据交互需求见表4-10与表4-11。

表4-10　领航车信息表

数据	备注
车辆 ID	与 BSM 中车辆 ID 一致
时刻	消息发送时刻
车队 ID	为避免重复，设置领航车 ID 为车队 ID
车辆角色	车辆在车队中的角色：领航车、跟随车、尾车、自由车
车辆在车队中的行驶状态	参见表 4-8 车辆状态表
车队成员管理信息	
车队成员列表	
加入成员列表	
离开成员列表	
车队容量	
开放状态	是否允许车辆加入

表 4-11　自由车或跟随车信息表

数据	备注
车辆 ID	与 BSM 中车辆 ID 一致
时刻	消息发送时刻
车队 ID	目标车队 ID
车辆角色	车辆在车队中的角色：领航车、跟随车、尾车、自由车
车辆在车队中的行驶状态	参见表 4-8 车辆状态表

（二）高精度地图版本对齐及动态更新

1. 应用概要

自动驾驶车辆的安全可靠运行依赖高精度地图的数据，因此要保证自动驾驶车辆能够获取到最新的地图数据。高精度地图版本对齐及动态更新是指通过 RSS 或云端能够对自动驾驶车辆的高精度地图进行动态更新，保证车辆能够获取到最新最完整的高精度地图数据，以此保证车辆安全可靠运行。

2. 预期效果

当自动驾驶车辆的地图数据由于某些原因没有更新时，通过 RSS 或云端保证车辆能够获取到最新最完整的高精度地图数据，以此保证车辆安全可靠运行。

3. 应用描述

通常情况下，自动驾驶车辆本身已经配置高精度地图，但路网环境可能会存在区域性的动态变化。在"高精度地图版本对齐及动态更新"场景中，若自动驾驶车辆通过更新地图的方式获取到最新的路网情况，更有利于车辆行驶策略的生成，实现自动驾驶车辆的安全高效行驶。

如图 4-15 所示，高精度地图版本对齐及动态更新场景的具体描述如下：

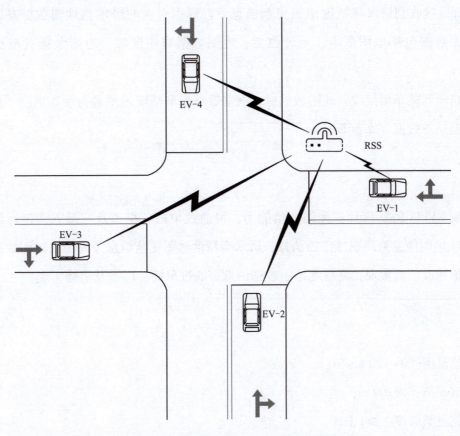

图 4-15　高精度地图版本对齐及动态更新

①自动驾驶车辆 EV-1、EV-2、EV-3 及 EV-4 在道路上行驶，EV-1、EV-2、EV-3 及 EV-4 接收 RSS 发送的地图版本信息；

②当自动驾驶车辆的地图版本和所收到的地图版本不一致时，自动驾驶车辆发送请求高精度地图更新消息；

③自动驾驶车辆按照 RSS 发送的地图数据进行高精度地图动态更新。

4. 基本工作原理

①RSS 周期性地发送地图版本信息。

②自动驾驶车辆接收 RSS 发送的地图版本信息，当版本信息不一致时，自动驾驶车辆发送请求高精度地图更新消息。请求高精度地图更新消息包括车辆标示、车辆地理位置信息、车辆地图版本信息、请求更新地图的区域以及地图数据的更新方式（增量、全量等）。

③RSS 接收到请求高精度地图更新消息后，根据对应的需求将地图数据发送给车辆，地图数据包括地图版本、地理位置、地图数据对应区域、地图数据对应更新方式等。

④自动驾驶车辆接收到地图数据后，根据数据对高精度地图进行动态更新，包括地图数据及动态数据（车流等）。

5. 通信方式

车辆 EV 与 RSU 应具备无线通信能力，可通过单播、组播及广播方式进行信息交互；RSU 地图信息为周期性广播消息，请求高精度地图更新消息及高精度地图数据消息可通过单播或广播实现，高精度地图数据消息可通过单播、广播及组播实现。

6. 主要技术要求

车速范围：0~120 km/h；

通信距离：≥200 m；

数据更新频率：≥1 Hz；

应用层端到端系统时延：≤100 ms。

7. 应用层数据交互需求

高精度地图版本对齐及动态更新场景中数据交互需求见表 4-12、表 4-13 和表 4-14。

表 4-12 地图版本消息（RSU 发送）

数据	单位	备注
时刻	ms	
RSU 地理位置信息		
地图版本信息		
地图供应商信息		
地图描述		

表 4-13 请求高精度地图更新消息（OBU 发送）

数据	单位	备注
时刻	ms	
车辆 ID		
车辆类型		
车辆地理位置		
地图版本		
地图供应商信息		
请求更新地图的区域		可进行市、行政区及图幅级别的更新
更新方式		ENUM：全量更新、增量更新……

表 4-14 高精度地图数据（RSU 发送）

数据	单位	备注
时刻	ms	
RSU 地理位置		
地图版本		
地图供应商信息		
地图数据对应区域		可进行市、行政区及图幅级别的更新
地图数据对应更新方式		ENUM：全量更新、增量更新……
地图数据		

（三）自主泊车

1. 应用概要

自主泊车是指自动驾驶车辆到达停车场入口处，由自动驾驶车辆和停车场内路侧 RSS 配合完成，使车辆到达停车位并完成入库。

2. 预期效果

依靠路侧信息完成停车场内自动驾驶车辆的自主泊车，将车停入停车位。

3. 应用描述

自主泊车的典型应用场景如下：

1）基于路侧协同规划的自主泊车

如图4-16所示，此场景具体描述如下：

①自动驾驶车辆EV行驶至停车场，向路侧RSS发送请求，包括路侧协同规划请求（自主泊车接管）信息和自车信息。

②路侧RSS根据接收到的协同规划请求（自主泊车接管）信息和自车信息，确定停车场内目标停车位。

③路侧向车辆发送决策规划消息，控制车辆停入停车位。

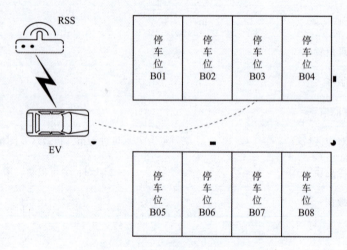

图4-16 基于路侧协同规划的自主泊车

2）基于路侧控制的自主泊车

如图4-17所示，此场景具体描述如下：

①自动驾驶车辆EV行驶至停车场，向路侧RSS发送请求，包括路侧控制请求（自主泊车接管）信息和自车信息。

②路侧RSS根据接收到的控制请求（自主泊车接管）信息和自车信息，确定停车场

内目标停车位。

③路侧 RSS 向车辆发送路侧控制消息，控制车辆停入停车位。

④车辆针对路侧 RSS 的控制消息，实时发送响应消息。

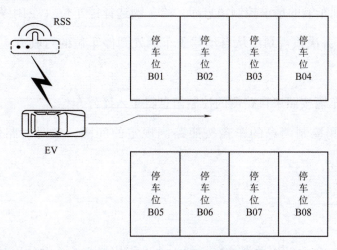

图 4-17　基于路侧控制的自主泊车

4. 基本工作原理

1）基于路侧协同规划的自主泊车

①RSS 发送感知消息，包括障碍物信息、周边车位号、车位地理位置以及车位附近障碍物信息。

②自动驾驶车辆行驶至停车场，当自动驾驶车辆感知范围内有车位时，直接根据 RSS 发送的感知消息，自主完成停车入库。

③当自动驾驶车辆感知范围内没有停车位时，发起请求路侧协同规划消息。

④RSS 接收到车辆的请求协同规划消息后，给车辆选择停车位（空闲停车位可以从后端服务设备获取），并决策规划出从自动驾驶车辆处到停车位的行驶方式，给车辆发送决策规划消息。

⑤自动驾驶车辆按照来自 RSS 的决策规划信息将车入库停车位。

2）基于路侧控制的自主泊车

①RSS 发送感知消息，包括障碍物信息、周边车位号、车位地理位置以及车位附近障碍物信息。

②自动驾驶车辆行驶至停车场，当自动驾驶车辆感知范围内有车位时，直接根据 RSS 发送的感知消息，自主完成停车入库。

③当自动驾驶车辆感知范围内没有停车位时，发起请求路侧控制消息。

④RSS 接收到车辆的请求控制消息后，给车辆选择停车位（空闲停车位可以从后端服务设备获取），并决策规划出从自动驾驶车辆处到停车位的行驶方式，给车辆发送路侧控制消息。

⑤自动驾驶车辆按照来自路侧的控制信息将车入库停车位。

⑥接收到路侧控制消息的车辆按照路侧规定的间隔，实时对路侧控制消息进行响应。

5. 通信方式

车辆 EV 与 RSU 之间以单播或广播的方式进行信息交互，在应用触发期间，周期性发送消息。

6. 主要技术要求

车速范围：0~30 km/h；

通信距离：≥200 m；

数据更新频率（有数据共享期间）：≥10 Hz；

应用层端到端系统时延：≤20 ms；

定位精度：≤50 cm。

7. 应用层数据交互需求

自主泊车场景中数据交互需求见表 4-15、表 4-16 和表 4-17。

表 4-15　请求路侧接管消息（OBU 发送）

数据	单位	备注
时刻	ms	
车辆 ID		

数据	单位	备注
车辆大小	m	车辆长宽高等描述
车辆类型		
车辆位置信息		
行驶速度及加速度	m/s，m/s²	
行驶方向	(°)	
行驶意图		ENUM：直行、泊车等意图信息
计划行驶路线		
计划行驶车道		
计划行驶速度	m/s	
计划行驶速度置信度		
计划行驶角度	(°)	
允许最大速度及加速度	m/s，m/s²	
请求接管原因		

表 4-16　·RSU 停车场感知消息（RSU 发送）

数据	单位	备注
时刻	ms	
位置信息		参考点位置信息
停车位中心点位置		
目标物描述		（见表 3-1）

表 4-17　RSU 决策规划消息（RSU 发送）

数据	单位	备注
时刻	ms	
被引导车辆 ID		

数据	单位	备注
驾驶行为建议		ENUM：减速、停车……
驾驶行为建议的有效时间		
相关道路		参考 MAP 中的车道或道路位置
相关路径		参考 MAP 中的路径
路径引导信息		
引导道路		参考 MAP 中的车道或道路位置
引导位置		
引导速度	m/s	
引导速度置信度		
引导航向	(°)	
预计到达时间		
到达时间置信度		

（四）前向碰撞预警

1. 应用定义和预期效果

前向碰撞预警（Forward Collision Warning，FCW）是指主车（HV）在车道上行驶，与在正前方同一车道的远车（RV）存在追尾碰撞危险时，FCW 应用将对 HV 驾驶员进行预警。本应用适用于普通道路或高速公路等车辆追尾碰撞危险的预警。FCW 应用可辅助驾驶员避免或减轻前向碰撞，提高道路行驶安全。

2. 主要场景

FCW 包括如下主要场景：

（1）HV 行驶，RV 在与 HV 同一车道正前方停止（见图 4-18）

HV 正常行驶，RV 在位于 HV 同一车道的正前方停止；

图 4-18　FCW：HV 行驶，RV 在同一车道前方停止

HV 和 RV 需具备短程无线通信能力；

HV 行驶过程中，在即将与 RV 发生碰撞时，FCW 应用对 HV 驾驶员发出预警，提醒驾驶员与位于正前方的车辆 RV 存在碰撞危险；

预警时机需确保 HV 驾驶员收到预警后，能有足够时间采取措施，避免与 RV 发生追尾碰撞。

（2）HV 行驶，RV 在与 HV 相邻车道前方停止（见图 4-19）

HV 正常行驶，RV 在位于 HV 相邻车道的前方停止；

HV 和 RV 需具备短程无线通信能力；

HV 行驶过程中不会与 RV 发生碰撞，HV 驾驶员不会收到 FCW 预警信息。

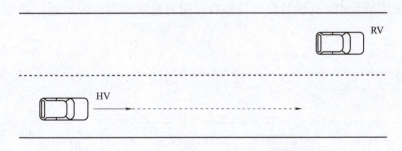

图 4-19　FCW：HV 行驶，RV 在相邻车道前方停止

（3）HV 行驶，RV 在与 HV 同一车道正前方慢速或减速行驶（见图 4-20）

HV 正常行驶，RV 在位于 HV 同一车道的正前方慢速或减速行驶；

HV 和 RV 需具备短程无线通信能力；

HV 行驶过程中，在即将与 RV 发生碰撞时，FCW 应用对 HV 驾驶员发出预警，提醒驾驶员与位于正前方的车辆 RV 存在碰撞危险；

预警时机需确保 HV 驾驶员收到预警后，能有足够时间采取措施，避免与 RV 发生

追尾碰撞。

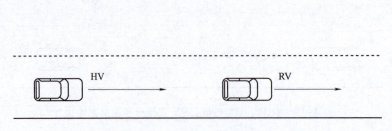

图 4-20　FCW：HV 行驶，RV 在同一车道前方慢速或减速行驶

（4）HV 行驶，HV 视线受阻，RV-1 在与 HV 同一车道正前方停止（见图 4-21）

HV 跟随 RV-2 正常行驶，RV-1 在同一车道上 RV-2 的正前方停止，HV 的视线被 RV-2 所遮挡；

HV 和 RV-1 需具备短程无线通信能力，RV-2 是否具备短程无线通信能力不影响应用场景的有效性；

RV-2 为了避开 RV-1 进行变道行驶；

HV 行驶过程中，在即将与 RV-1 发生碰撞时，FCW 应用对 HV 驾驶员发出预警，提醒驾驶员与位于正前方的 RV-1 存在碰撞危险；

预警时机需确保 HV 驾驶员收到预警后，能有足够时间采取措施，避免与 RV-1 发生追尾碰撞。

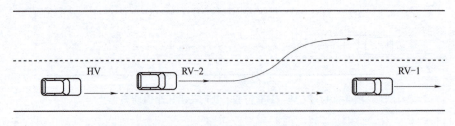

图 4-21　FCW：HV 行驶，视线受阻，RV 在同一车道慢速或减速行驶

3. 基本工作原理

HV 行驶过程中，若与前方同一车道的 RV 存在碰撞危险时，FCW 应用对 HV 驾驶员进行预警。触发 FCW 功能的 HV 和 RV 位置关系如图 4-22 所示，其中 HV 和 RV 在同一车道，RV 在 HV 的前方。该应用在直线车道或弯道车道均有效。

FCW 基本工作原理如下：

①分析接收到的 RV 消息，筛选出位于同一车道前方（前方同车道）区域的 RV。

②进一步筛选处于一定距离范围内的 RV 作为潜在威胁车辆。

③计算每一个潜在威胁车辆碰撞时间（Time-to-Collision，TTC）或防撞距离（Collision Avoidance Range），筛选出与 HV 存在碰撞危险的威胁车辆。

④若有多个威胁车辆，则筛选出最紧急的威胁车辆。

⑤系统通过 HMI 对 HV 驾驶员进行相应的碰撞预警。

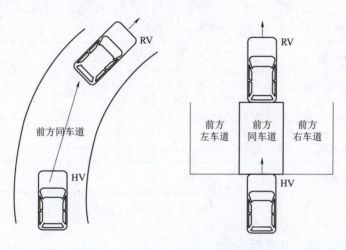

图 4-22　FCW：HV 和 RV 位置关系

4. 通信方式

HV 和 RV 需具备短程无线通信能力，车辆信息通过短程无线通信在 HV 和 RV 之间传递（V2V）。

5. 基本性能要求

主车车速范围：0~130 km/h；

通信距离：≥300 m；

数据更新频率：≤10 Hz；

系统延迟：≤100 ms；

定位精度：≤1.5 m。

6. 数据交互

FCW 数据交互需求见表 4-18。

表 4-18　FCW 数据交互需求（远车数据）

数据	单位	备注
时刻	ms	
位置（经纬度）	(°)	
位置（海拔）	m	
车头方向角	(°)	
车体尺寸（长、宽）	m	
速度	m/s	
三轴加速度	m/s^2	
横摆角速度	(°) /s	

（五）盲区预警/变道预警

1. 应用定义和预期效果

盲区预警/变道预警（Blind Spot Warning/Lane Change Warning, BSW/LCW）是指当主车（HV）的相邻车道上有同向行驶的远车（RV）出现在 HV 盲区时, BSW 应用对 HV 驾驶员进行预警；当主车（HV）准备实施变道操作时（例如激活转向灯）, 若此时相邻车道上有同向行驶的远车（RV）处于或即将进入 HV 的盲区时, LCW 应用对 HV 驾驶员进行预警。本应用适用于普通道路及高速公路等车辆变道可能存在碰撞危险的预警。

2. 主要场景

BSW/LCW 包括如下主要场景：

（1）RV 在 HV 盲区内（见图 4-23）：

HV 在本车道内行驶，RV 在 HV 相邻车道内同向行驶，且 RV 处于 HV 盲区内；

BSW 应用提醒 HV 驾驶员其盲区内存在车辆 RV；

若此时检测到 HV 驾驶员有向 RV 所在车道变道的意图（例如激活转向灯或者根据方向盘转角综合判断），则 LCW 应用对 HV 驾驶员发出预警；

预警时机需确保 HV 驾驶员收到预警后，能有足够时间采取措施，避免与相邻车道上的 RV 发生碰撞。

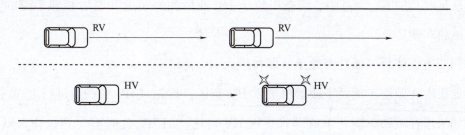

图 4-23　BSW/LCW：RV 在 HV 盲区内

（2）RV 即将进入 HV 盲区（见图 4-24）

HV 在本车道内行驶，远车 RV 在相邻车道上与 HV 同向行驶，且即将进入 HV 的盲区；

BSW 应用提醒 HV 驾驶员即将有车辆进入其盲区；

若此时检测到 HV 驾驶员有向 RV 所在车道变道的意图（例如激活转向灯），则 LCW 应用对 HV 驾驶员发出预警；

预警时机需确保 HV 驾驶员收到预警后，能有足够时间采取措施，避免与相邻车道上的 RV 发生碰撞。

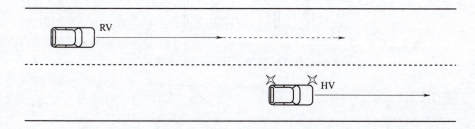

图 4-24　BSW/LCW：RV 即将进入 HV 盲区

3. 基本工作原理

当 HV 意图换道时，若检测到相邻车道上与 HV 同向行驶的车辆 RV 处于或即将进入 HV 盲区，BSW/LCW 应用对 HV 驾驶员进行预警。触发 BSW/LCW 功能的 HV 和 RV 位置关系如图 4-25 所示。BSW/LCW 应用适用于直道和弯道情形。

BSW/LCW 基本工作原理如下：

①从接收到的 RV 消息中，筛选出位于 HV 左后相邻车道和右后相邻车道的 RV 作为潜在威胁车辆。

②判断潜在威胁车辆是否处于或即将进入 HV 盲区。

③如果潜在威胁车辆处于或即将进入 HV 盲区，首先对 HV 驾驶员进行 BSW 提醒。

④如果潜在威胁车辆处于或即将进入 HV 盲区，而 HV 此时有变道操作，则对 HV 驾驶员进行 LCW 报警。

⑤系统通过 HMI 对 HV 驾驶员进行提醒或报警。

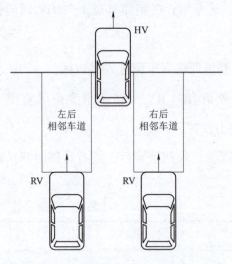

图 4-25　BSW/LCW：HV 和 RV 位置关系

4. 通信方式

HV 和 RV 需具备短程无线通信能力，车辆信息通过短程无线通信在 HV 和 RV 之间传递（V2V）。

5. 基本性能要求

BSW/LCW 基本性能要求如下：

主车车速范围：0~130 km/h；

通信距离：≥150 m；

数据更新频率：≤10 Hz；

系统延迟：≤100 ms；

定位精度：≤1.5 m。

6. 数据交互需求

BSW/LCW 数据交互需求见表 4-19。

表 4-19　BSW/LCW 数据交互需求

数据	单位	备注
时刻	ms	
位置（经纬度）	（°）	
位置（海拔）	m	
车头方向角	（°）	
车体尺寸（长、宽）	m	
速度	m/s	
纵向加速度	m/s^2	
横摆角速度	（°）/s	
转向信号		转向灯是否激活
方向盘转角	（°）	

（六）浮动车数据采集（PDC）

1. 应用定义

浮动车数据采集是指路侧设备 RSU 通过接收通信范围内车辆发送的信息（包括行

驶状态、驾驶意图以及感知信息等），进行数据的融合与交通状态分析，形成局部端侧或边缘侧的基于浮动车数据的交通状态评估。

2. 预期效果

浮动车数据采集为 RSU 进行交通状态监控、交通事件检测、流量分析和动态路径诱导等监控管理提供精确的数据支撑。

3. 主要场景描述

浮动车数据采集场景描述如下：

路侧设备（RSU）接收并收集通信范围内的 EV 广播信息（包括基础安全消息、意图与请求消息以及车端感知共享消息），作为浮动车数据，如图 4-26 所示；

RSU 对浮动车数据进行筛选、处理和融合，进行交通状态分析、事件检测等，为局部或区域的交通管理提供数据支持。

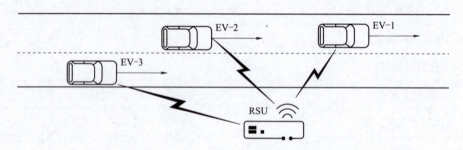

图 4-26　RSU 发送请求采集周围车辆信息

4. 通信方式

车辆和 RSU 需具备短程无线通信能力，采用广播或单播的方式进行信息交互。

5. 基本性能要求

车速范围：0~120 km/h；

通信距离：≥200 m；

应用层端到端时延：≤500 ms；

水平方向精度：≤1.5 m。

6. 数据交互需求

浮动车数据采集场景中数据交互需求如表4-20所示。

表4-20 PDC 数据交互需求（浮动车数据）

数据	备注
时刻	消息发送时刻
车辆 ID	车辆临时 ID
定位信息	
车辆运动信息	车速、朝向等
车身状态信息	异常信息、故障等
车辆紧急状态	
当前驾驶行为状态	
运行轨迹	历史轨迹和轨迹规划
请求信息	
感知共享信息	交通参与者、障碍物和交通事件感知

三、任务实施

任务名称：车路协同应用典型场景			
姓名：	班级：		学号：
任务描述	请你结合车路协同系统实训沙盘，就"协作式车辆编队（CPM）、高精度地图信息更新、自主泊车、前方避撞、盲区预警、浮动车数据采集（PDC）"的应用定义、典型应用场景、基本工作原理、通信方式、主要技术要求、数据交互需求及有关重要概念，搜集、分析资料并正确理解、说明，在学习小组或班级里讨论、共享		
能力目标	能够正确理解并清晰地说明"协作式车辆编队（CPM）、高精度地图信息更新、自主泊车、前方避撞、盲区预警、浮动车数据采集（PDC）"的应用定义、典型应用场景、基本工作原理、通信方式、主要技术要求、数据交互需求。 　　能够搜集、分析有关车路协同应用典型场景的信息资料		

实施准备		相关的文献、资料、数据； 汇报用视频设备、纸、笔
实施步骤	自主学习	学习相关知识； 获取相关信息； 撰写汇报、讨论提纲； 制作汇报、讨论 PPT
	小组讨论	以学习小组为单位，进行研讨、分析，形成小组汇报；成果：提纲、PPT
	小组汇报	汇报小组成果
自我反思		

参考文献

［1］ 清华大学智能产业研究院（AIR），百度 Apollo. 面向自动驾驶的车路协同关键技术与展望 2.0 ［R/OL］. ［2022］. https://air. tsinghua. edu. cn/info/1007/1917. htm.

［2］ 中国智能网联汽车产业创新联盟. 车路云一体化融合控制系统白皮书 ［R/OL］. ［2020-09］. http://www. caicv. org. cn/index. php/material?cid＝38.

［3］ 李克强，李家文，常雪阳，等. 智能网联汽车云控系统原理及其典型应用 ［J］. 汽车安全与节能学报，2017（1）：78-81.

［4］ 华为技术有限公司. 智能汽车解决方案 2030 ［R/OL］. ［2021-10］. https://www. huawei. com/cn/giv/intelligent-automotive-solution-2030.

［5］ 刘志忠，杨平. 汽车智能网联技术概论 ［M］. 北京：清华大学出版社，2021.

［6］ 吴冬升. 5G 与车联网技术 ［M］. 北京：化学工业出版社，2021.

［7］ 周圣君. 5G 通识讲义 ［M］. 北京：人民邮电出版社，2020.

［8］ 中国智能网联汽车产业创新联盟，IMT-2020（5G）推进组，C-V2X 工作组，中国智能交通产业联盟，中国智慧交通管理产业联盟. C-V2X 产业化路径和时间表研究白皮书 ［R/OL］. ［2019-10］. http://www. caicv. org. cn/index. php/material?cid＝38.

［9］ 中国通信学会. 蜂窝车联网（C-V2X）技术与产业发展态势前沿报告（2020）［R/OL］. ［2020-11］. https://www. china-cic. cn/Detail/24/60/2862/V2X.

［10］ 中国信息通信研究院. 车联网白皮书（网联自动驾驶分册）［R/OL］. ［2020-12］. http://www. caict. ac. cn/kxyj/qwfb/bps/202012/t20201215_366169. htm.

［11］ 陈山枝，杨胡，金玲，等. 蜂窝车联网（C-V2X）［M］. 北京：人民邮电出版社，2021.

［12］ IMT-2020（5G）推进组. MEC 与 C-V2X 融合应用场景白皮书 ［R/OL］. ［2019-

01］．https：//www. caict. ac. cn/kxyj/qwfb/bps/201901/t20190123_193640. htm.

［13］中国汽车工程学会，中国智能网联汽车产业创新联盟（CAICV）．基于车路协同的高等级自动驾驶数据交互内容［S/OL］．L［2020-07］．http：//csae. sae-china. org/portal/standardSearch.

［14］中国汽车工程学会．合作式智能运输系统 车用通信系统应用层及应用数据交互标准（第一阶段）：T/CSAE 53-2020［S/OL］．［2020-12-31］．http：//csae. sae-china. org/portal/standardDetail?id=8023e1a471a66e3c46892eebbac9da1d.

［15］中国汽车工程学会．合作式智能运输系统 车用通信系统应用层及应用数据交互标准（第二阶段）：T/CSAE 157-2020［S/OL］．L［2020-11-26］．http：//csae. sae-china. org/portal/standardDetail?id=ee0fc223d9099b2fb78e034b81947c83.

［16］IMT-2020（5G）推进组．车辆高精度定位白皮书［R/OLL］．L［2019-10］．https：//www. caict. ac. cn/kxyj/qwfb/bps/201911/t20191104_268781. htm.